U0585615

传记文学 书系

胡适杂忆

[美]唐德刚 ◎ 著

传记文学 书系 编委会

主编

彭明哲 曾德明

编委

赖某深 龚 昊 蒋 浩

彭天仪 于向勇 秦 青

中国文史出版社

图书在版编目（CIP）数据

胡适杂忆 /（美）唐德刚著. -- 北京：中国文史出
版社，2020.7

ISBN 978-7-5205-2073-7

Ⅰ.①胡… Ⅱ.①唐… Ⅲ.①胡适（1891-1962）—
回忆录 Ⅳ.①K825.4

中国版本图书馆CIP数据核字（2020）第111871号

责任编辑：秦千里

出　　版：中国文史出版社

社　　址：北京市海淀区西八里庄路 69 号院　邮编：100142

电　　话：010-81136606　81136602　81136603（发行部）

传　　真：010-81136655

印　　装：北京中科印刷有限公司

经　　销：全国新华书店

开　　本：889 毫米 ×1194 毫米　　1/16

印　　张：17

字　　数：218 千字

版　　次：2020 年 10 月北京第 1 版

印　　次：2020 年 10 月第 1 次印刷

定　　价：60.00 元

文史版图书，版权所有，侵权必究。

文史版图书，印装错误可与发行部联系退换。

目录
contents

▼

序一

周策纵

"我的朋友"唐德刚教授前些时告诉我，他在撰录胡适之先生口述历史之余，打算自写一篇"短序"。我听了一心想到我们时常在纽约十八层高楼高谈阔论，一谈就不知东方之既白的往事，就不禁暗忖，等着看他这序会怎么短法。果然在《传记文学》里见他下笔千里，把胡先生一生牵惹到了的无数问题与纠葛，几乎无所不谈，谈无不痛快。我正在连续欣赏，大过其瘾，还幸灾乐祸；不料突然收到他的来信，说现在真是没空，必须结束了，而刘绍唐先生急于要把他这已长达十余万言的"短序"出版成专书，他自己实在不能再为自己的"序"作序了，就只好来拉伕。这确实是晴天霹雳，使我不免有大祸临头之感。

　　大家都知道，从前蒋方震先生写了一册《欧洲文艺复兴史》，要梁启超先生作序，任公序文一写就是数万言，与原书一般长，结果"头"大不掉，不能印在书前，序文成了专书《清代学术概论》，独立出版，反而要蒋方震来为这"序"写了一序。这样看来，德刚这"序"既然是胡先生的口述自传招惹出来的，这"序"的序，本来应该请胡先生来写才算合史例，才能了却这件公案。但上海灵学会既已不存，那就只好牵着黄牛当马骑罢。好在多年以前，我曾经对胡先生说过："你以前曾对梁任公说：晚清今文学运动对思想界影响很大，梁先生既然曾经躬与其役，应该有所纪述。后来任公便写了《清代学术概论》那册书。现在我要说，五四时期的新文化、新思潮、新文学运动，对中国近代思想社会的影响，比今文学运动恐怕更大更深远，你也是躬亲其役的人，你也应该把这几十年来的思想潮流，作一番全盘的、彻底的、有系统的叙述、检讨和批判，写一册'五四时期思想学术概论'，才算适合大众和时代的需要。"胡先生听了直望了我一眼，笑着说："你这话很对，现在一般人对这一时期的思想潮流，歪曲误解的很多。我将来也许要写些东西来澄清一下。不过你们年轻一代责任更大了，总结、检讨、批判还要你们来做。"后来他还要我代他找一些资料。不幸胡先生以后未能如愿写出这书来。现在德刚这篇"序"，也许可说正是胡先生心目中要年轻一代作出检讨批判的一部分。这样说来，唐"序"便有点像我所提议的那种"概论"的引子，而我这篇"序"的序，也就不是毫无关系了。

我想读者都会同意，唐德刚教授在这里把胡适写得生龙活虎，但又不是公式般装饰什么英雄超人。他笔下的胡适只是一个有血有肉，有智慧，有天才，也有错误和缺点的真实人物。这作法承袭了古今中外传记文学的优良传统。中国第一个最出色的传记文学家司马迁早就用好的例子教导了我们。他笔下的人物多是活的，立体的，可爱可佩的，可嗔可斥的，或可怜可笑的，但没有使你打瞌睡的。在西洋，像鲍斯威尔（James Boswell）的"约翰逊博士传"，主角也是活生生的，还在约翰逊里找得到鲍斯威尔。读了德刚的胡适，你也可以和他握手寒暄，笑语谈辩，不知夜之将尽，人之将老，也在胡适里找得到唐德刚。

当然，我们不必要同意作者所说的一切。因为我知道，他所提倡的，正是要大家各自去独立思考，独立判断。他如能引起你多去想一想，那他的目的就已经达到一大半了。至于你作出什么结论，那只是你自己的事。不论如何，他和他的朋友们，原先是白马社的也好，"《海外论坛》"月刊社的也好，至少包括我自己，大概都会拍手叫好的。

大凡文字写得最美最生动的，最难同时得事理的平实，因为作者不能不有艺术的夸张。这在王充的《论衡》里便叫作"艺增"。德刚行文如行云流水，明珠走盘，直欲驱使鬼神，他有时也许会痛快淋漓到不能自拔。但我们不可因他这滔滔雄辩的"美言"，便误以为"不信"。德刚有极大的真实度，我们最好在读他所说某一点时，再看看他在另一个所在说了些什么，要看他如何从各种不同的角度，尽情极致，穷态极妍地描绘和辩论，如此，你才能更好地把握到他的真意。德刚的"艺增"运用在不同的角度，这是他最好的绝招和自解。

德刚不信神鬼，也不怕神鬼，所以他敢说自己要说的话。你看他能"批孔"，也能尊孔。不但如此，还敢尊、敢批"周公"！因此不论你同意不同意他，德刚这独行侠的高风傲骨不能不令人钦佩。他能替胡先生打抱不平，多已在胡死后，这点已不容易。更难得的是，他既不掩饰事实，又能以恕道处理胡先生的某些白璧微瑕。我个人已受益不浅，我在给他的信里指出胡先生新诗某些文字上的缺失，不免夸大，这固然只是友朋间的闲谈，但真有点像"诗律伤严近寡恩"了。在另一方面，我却素来不曾认为五四时代是"时无英雄，遂使孺子成名"；相反的，我尝说，五四时代产生的人才济济，比任何别的短时期可能都多些。德刚指出胡先生用"素斐"做他女儿的名字可能是纪念陈衡哲女士，这点确已补充了我之不及；至于胡先生那首诗是否也意味着陈女士在内，我看不能无疑，如是这样，他恐怕就更不合情理了。德刚对这点似乎有进一步"求证"的必要。

我在前面已说过，胡适之先生一生牵惹的问题与瓜葛已非常多，而德刚对他的娓娓描述和检讨，不能不更多面和更复杂。胡适已经是中国近代史上一个箭垛式人物，德刚现在真实地把他画得多彩多姿，人们也许更会把他当成活箭垛了。如果我这里再提出一些与胡适有关的问题来讨论，那这篇"短序"的短序可能也要变成专书，岂不又要德刚来替我写序？想来想去，时不我与，这种序还是让读者诸君来写了，这也正如胡先生所说的，要年轻的一代来检讨批判罢。我想这也正是唐德刚教授写作的初意，我便带着这个期望，把这津津有味的好书郑重推荐给读者。

　　　　　　　　　　　一九七八年七月于美国威斯康辛陌地生之弃园

▼

序二

夏志清

一、我的朋友唐德刚

《胡适杂忆》，原题"回忆胡适之先生与口述历史"，曾在《传记文学》上连载了十期（第一八三期——一九三期）。每期航邮寄来，我总先把《回忆》读了，才去拆看其他的报章杂志。记得读完第一章，实在兴奋，当晚就写信给唐德刚、刘绍唐，向二位好友致贺：这样文笔生动而饶有趣味的回忆录实在难得在国内杂志上见到的。翌晨授"中国现代文学"这门课，也不顾当天应讲的题目，先讲两则胡适之太太的故事给学生听。我同胡老太太仅有两面之缘，但读了这两则故事（大叫一声"GO！"，吓退"大黑贼"；返国定居前，嘱咐德刚、王纪五二人搬运她那只笨重的旧床到新泽西州码头），真觉得德刚兄把她写活了。

《胡适杂忆》我特别爱读，当然不仅因为德刚兄记载了好多有关胡氏夫妇的掌故。一九六二年暑期我搬居曼哈顿后，即同德刚交识，对他的学问见识早已佩服。只可惜他封笔了二十年，近两年来才能看到他的长篇撰述（德刚整理的另一部稿子：《李宗仁回忆录》，连载香港《明报月刊》，已一年有半）。《胡适杂忆》不止是篇回忆录，它畅谈历史、政治、哲学、文学、文字学，以及其他一切胡适生前关注的学问，比起《李宗仁回忆录》来，更令人见到德刚才气纵横、博学多智的这一面。胡适自承哲学是他的"职业"，历史是他的"训练"，文学是他的"娱乐"（hobby）。德刚十几岁时即已圈点了一遍《资治通鉴》，在哥大研究院主修美国史、西洋史，近年来一直在纽约市立学院主讲中国史、东亚近代史，"历史"自是他的"职业"。他中西哲学的底子当然比不上胡适，但他受过"社会科学"这方面的严格"训练"。本书引录了好几首德刚在攻读博士学位时期写的新诗、旧诗，表示他同留学生胡适一样，功课愈忙碌，愈感到有写诗，同朋友酬唱诗词的需要："文学"也是他的"娱乐"。且不论二人同寓纽约期间深厚的"忘年之交"，即凭德刚自己的"职业""训练"和"娱乐"，他实在是为胡适作评传最理想的人选。

同胡适一样，唐德刚的中文文章比他的诗词写得更好。《胡适杂忆》出版后，我想他应公认是当代中国别树一帜的散文家。他倒没有走胡适的老路，写一清如水的纯白话。德刚古文根底深厚，加上天性诙谐，写起文章来，口无遮拦，气势极盛，读起来真是妙趣横生。且举一个小例为证：

> 可别小视"跑龙套"！纽约市有京戏票房五家之多。平时公演，粉墨登场，锣鼓冬仓，琴韵悠扬，也真煞有介事。可是"龙套"一出，则马脚全露。那批华洋混编的"龙套"，有的不推就不"跑"；有的推也不"跑"；有的各"跑"其"跑"，不自由，毋宁死……好不热闹！笔者在纽约看国剧，最爱"龙套"，因为它能使你笑得前仰后合，烦恼全消！

引文下半节，可说是段韵文（跑、闹、套、消），但若在"有的各'跑'其'跑'"下面跟着就写"好不热闹"，同韵字太多，读起来反而单调。德刚在"各'跑'其'跑'"下面，添了两句三字经——"不自由，毋宁死……"，真可谓是神来之笔。这种写法，全凭作者一时的灵感，和联想的丰富。凡在纽约市看过票房演出京戏的，读这段文字，想都会出声大笑的。

但看来是游戏文字，"龙套"在本书七十二节里是一个"有机"的譬喻（metaphor）。有博士学位的人才能在学术舞台上"井井有条"地跑龙套，没有博士"训练"的教员，跑跑龙套也会出洋相的。但真正在京剧、学术舞台上唱"大轴"的，如梅兰芳、胡适二人，倒不一定是"科班出身"。

德刚二十六年前写的成名作是《梅兰芳传稿》，所以既提到了"龙套"，他会把梅、胡二博士的名字联在一起。最近重读《梅兰芳传稿》，我也同胡先生一样，觉得"稍嫌渲染"，文笔太浓艳一点，虽然德刚兄的确参阅了不少资料，尤其关于梅氏美国演出的那段史实。封笔二十年后，文章的境界显然大为提高，今日散文界有此唐派新腔可听，我觉得十分可喜。

二、五十年代的胡适

《胡适杂忆》我读来特别有亲切之感，因为书中提到好多五十年代身在纽约的中外人士，这些人我来哥大后大半也认识。德刚为德国老教授魏复古（Karl Wittfogel）、日文老讲师角田柳作这两位突出人物画像，一点也没有"渲染"，真可谓呼之欲出。"'新诗老祖宗，与'第三文艺中心'"这一章专介绍德刚"白马文艺社"里的朋友，"新诗老祖宗"反而屈居配角，可能会有读者觉得喧宾夺主，不太合传记文学的体例。但事实上，胡适自己在《四十自述》《留学日记》二书里也讲起他好多朋友，抄录了他们的诗词酬唱之作。蛰居纽约期间，他既爱参加白马社的集会，德刚把社员一一点将，并选录他们一部分诗作，我认为是应该的。我们也借此体会到这前后两代的留学生处境多么不同。胡适早期一批诗友——任叔永、梅光迪、杨杏佛、朱经农、陈衡哲——回去后都干了一番事业。他晚年结交的那批文艺小友——唐德刚、周策纵、吴讷孙、周文中、黄伯飞——虽在美国学术界各有建树，他们的主要工作是教导美国学生。白马社里三位新"莎菲"女士，我只认识何灵琰。她是徐志摩的干女儿，在上海时期曾跟钱锺书习写诗词，跟魏莲芳学唱青衣，可惜这几年不常写诗，也难得登台一露身手了。其他两位，心笛仅闻其诗名，不知人在何处；"才气最高"的蔡宝瑜一年前我连她的名字也没有听见过。她短命而死，我读到德刚的记载，也不免为之叹息。

胡适在纽约做寓公期间，爱同年轻朋友来往，真如德刚所说的，年龄相等的朋友间，除了李书华先生外，可同胡适促膝长谈的真的绝无仅有。鲁迅在晚年，虽有文坛盟主之名，喜结交的也只是萧军、萧红这辈比较纯洁的青年。好多年前我在《明报月刊》上看到了张爱玲《忆胡适先生》文，深为感动，想不到张爱玲从小就崇拜胡先生，也想不到胡适这样看重张爱玲。在我想象中，到了五十年代中期，胡适早已同当代文学脱了节，也不太关心文学的前途了。一九五五年十一月张爱玲抵达纽约后，曾去拜访过胡先生两次，可惜张不善辞令，为人木讷，谈话并不投机。翌年感恩节，胡适还有意请她到中国馆子吃饭，隔一阵还到一家"救世军"办的女子宿舍去看她。可是张爱玲跟胡适谈，"确是如对神明"，不知如何逗他开心。二人关系，见面后反而疏远了。

胡适同他的安徽小同乡唐德刚一见如故，倒可说有缘。后来德刚身任胡适"口述历史"的记录员，更是日常见面，无话不谈。本书最大的特色即是凭德刚的回忆和当年自己日记上的记录，给胡先生留了一个最忠实的晚年写照。一九五一年胡适才六十岁，其实不能算老，但德刚所见到的胡先生，显然已开始衰老了。他当然在搞他的《水经注》，也写了一部《丁文江的传记》，且不断关注共产国家的所作所为以及自由世界的前途。但比起刚回国的二十年（一九一七——一九三七）来，纽约那几年，他治学的成绩实在太少了。张爱玲未去美国前，从香港寄给他一本《秧歌》，他真的读了，还写了封恳切的回信。同样情形，姜贵从台湾寄给他一册《今梼杌传》（即《旋风》），他也真的读了，也写了很长的回信。胡适识拔张、姜二人，当然是文坛佳话，也证明他读当代小说，确有卓见。但话说回来，对胡适而言，这两位作家都是毫无名望的；他有时间读他们的赠书，表示他手边没有急急要办的正事。普通名学者，自己忙于著作，心有余而力不足，收到的赠书太多，即使想看，也抽不出空来，何况中国当代小说，并非胡适研究的主要对象。（胡适晚清小说读得极熟，他文章里绝少提到二三十年代的小说——少数人的短篇例外——很可能连茅盾、老舍、巴金的长篇他都没有碰过。）最使我诧异的，胡先生竟常去哥大图书馆看中文报纸，连"美国两岸所发行和赠阅的'侨报'"也看，而且把它们的"副刊"看得很仔细，而这些副刊，德刚说得一点也不错，"实在不值得浪费太多时间的"。目今台湾《联合报》《中国时报》特别在编排副刊上用心计，可读的文章、报道、小说实在不少。我平日没有时间全读，又舍不得把那些副刊丢掉，只好把它们保存起来，日积月累，保存着想读而未读的文章实在多不胜言。胡先生有时间批阅纽约、旧金山出版的侨报副刊，比他太太靠打牌消磨岁月，实在好不了多少。

胡适这样"游手好闲"，主要原因可能是那几年他少了一份配合他身份的工作。他在普林斯顿大学任格斯德中文藏书部（Gest Library）"馆长"（curator）之职，那是一份闲差，每年领取几千美金贴补家用而已。他也在美国著名学府做过短期讲学，零星演讲的机会当然更多，但这些都算不上是长期性的工作。"胡适之的确把哥大看成北大，但是哥大并没有把胡适看成胡适啊！"德刚这句沉痛的感慨一点也没有言过其实。五十年代，胡适同林语堂先生（辞掉南洋大学校长之职以后）大半时期留在纽约，而且经常来哥大借书，假如哥大有意聘请他们为中日文系教授，他们是一定乐意接受的。但中日文系的主管人哪里会有此度量，胡、林二人来了，那些美国汉学教授岂不相形见绌？所以美国著名学府乐于聘用赵元任、李方桂这等专门人才（语言学比较冷门，吸引的学生较少），而不敢聘用胡适、林语堂这样的通才。哥大既是他的母校，胡适如能在中日文系开讲中国哲学史、文学史的课程，一定特别卖力，很可能提起精神写出一两本英文著作来。当然他不可能再有时间去看中文侨报了。

三、胡江冬秀

任何学人，除了家里的书房外，总得有一间办公室，不能老窝在家里。偏偏在纽约那几年，胡适少了一间办公室，在家里伴着老妻，事事得迁就她，不免影响到他工作的情绪。他在精神上显出老态，这也是一个原因。

在表面上看来，胡适夫妇恩爱白首，非常幸福，但我总觉得江冬秀女士不能算是我们一代宗师最理想的太太，二人的知识水准相差太远了。早在一九一五年四月廿八日，胡适记了下面这则日记：

> 得冬秀一书，辞旨通畅，不知系渠自作，抑系他人所拟稿？书中言放足事已行之数年，此大可喜也。

胡适十三岁就订了婚。他事母至孝，当时无意拂逆母意，也就算了。但凭这段日记，我们显然看出，胡适曾去信问他母亲或江冬秀，缠足已放大了没有？想来江女士以往给他的信，文字欠通，这封信"辞旨通畅"，虽不免疑心是别人"拟稿"的，但胡适知道未婚妻在努力改进，至少足已放大，他心里是高兴的。可是婚后三四十年，江冬秀显然没有多大进步。《传记文学》第一九二期影印了她晚年的手迹，那几个字实在是见不得人的。（连她先夫提倡的新式标点，她都会用错！）居留纽约期间，她还停留在看武侠小说的阶段，胡适的学问、思想她是无能力欣赏的。住在北平、上海，她有佣人可使唤，家务不必胡适操心。住在纽约，胡太太既不懂英语，他老人家还得上街买菜，实在是够辛苦的。二老住"东城八十一街简陋的小公寓"，太太一打牌，家里客人多，胡适既无办公室可去，要静心读书写文章，也不可能了。这样长期伺候太太打牌，胡适即使有早年的壮志雄图，也消磨殆尽了。

一九五八年秋，胡适任"中央研究院"院长之职。他任内的秘书——王志维先生——写过一篇《记胡适先生去世前的谈话片段》，载《联合副刊》（一九七七年二月二十四日），我读后感慨很多。临死前两天，胡老先生为了太太打牌，嘱咐王秘书"帮我买一所房子"：

> 我太太打麻将的朋友多，这里是台湾大学的宿舍，南港我住的也是公家宿舍，傅孟真先生给"中央研究院"留下来的好传统，不准在宿舍打牌。今天我找你来，是要你在我出国期间，在和平东路温州街的附近，帮我买一所房子，给我的太太住。

胡适是爱面子的人，傅孟真先生留下的规矩，南港宿舍不准打牌，院长寓所内却常听到牌声，不免于心不安。想来胡太太的朋友都住在台北市区，老是坐计程车去南港也不方便，胡院长才有意在台北置屋。胡适待他的老伴是够好的了，但胡太太长年打牌，我总觉得对不起他。

早在民国九年，胡氏夫妇生日碰在一天，胡适写了一首《我们的双生日（赠冬秀）》的诗（《胡适的诗》，页九七—九八）：

> 他干涉我病里看书，
> 常说："你又不要命了！"
> 我也恼他干涉我，
> 常说："你闹，我更要病了！"
> 我们常常这样吵嘴——
> 每回吵过也就好了。
> 今天是我们的双生日，
> 我们订约今天不许吵了！
> 我可忍不住要做一首生日诗，
> 他喊道："哼〔哼〕！又做什么诗了？"
> 要不是我抢的快，这首诗早被他撕了。

这虽是首幽默诗，我们也看得出二人婚后精神上毫无默契。胡太太既不懂读书的乐趣，丈夫在病中，更有理由不准他读书了。胡适多么希望他的太太能在"双生日"那天，和他一首诗啊，但太太不会作诗，看样子真会把诗撕掉。胡适自知不可能同太太订约，永不吵嘴，"今天不许吵"平平安安过一天生日就够了。胡适的确是好脾气，但江冬秀如能像《李超传》里的李超女士一样，立志求学上进，婚后进学校或者在家里自修，胡适一定感激莫名，享受到另外一种闺房乐趣。只可惜江冬秀真是个旧式乡下女子，辜负了胡适在留学期间对她的期望。

四、女友韦莲司

德刚兄说得对："适之先生是位发乎情、止乎礼的胆小君子。搞政治，他不敢'造反'；谈恋爱，他也搞不出什么'大胆作风'。"但德刚认为留学期间的胡适真追过韦莲司女士（Edith Clifford Williams），假如韦女士真有意嫁给他，江冬秀就只好活守寡了。但事实上，胡适既是"止乎礼"的胆小君子，看样子并没有同韦莲司谈过什么恋爱，虽然二人通信很勤。徐高阮先生在《胡适和一个思想的趋向》（台北地平线出版社，一九七〇）这本书里告诉我们，胡先生去世后三年，韦莲司女士曾"将一九一四年至一九一六年青年胡适写给她的信（收藏了整整半个世纪，一百几十件）寄给胡夫人江冬秀女士，有几封曾在'胡适纪念馆'分两次（一九六五、一九六六年）陈列过。"（页二九）胡夫人去世后，这些信件想已由"中央研究院"保管。如有人想研究胡适留学期间的生活和思想，真不妨把这些信件研读一番，胡、韦二人有没有谈恋爱，真相也可大白。其实胡适一生英文文章也写了不少，连同这一百几十件信札，都应该收集成书，供中外学者阅读之便。鲁迅去世才两年，就有《鲁迅全集》二十册问世。胡适去世十六年了，我们还看不到他的全集，这是说不过去的。

德刚认为在一九一五年那年，"胡氏显有所求（made some proposition）而为韦女士所峻拒。……她奉劝胡郎，斩断情丝，悬崖勒马；应着重较'高级'的情性之交，勿岌岌于'色欲之诱'（sex attraction）。……可是韦女士虽是止乎礼，她并没有绝乎情。最后棒打鸳鸯的似乎还是韦女士那位'守旧之习极深'的妈妈"。我认为德刚兄这两个假设——胡适追韦女士遭拒；韦母"棒打鸳鸯"——都是站不住的。胡适非道貌岸然的伪君子，假如真正追过韦女士，他决不会"正色"呵斥德刚的假设为"胡说"。胡适既无意反背母亲的意志，他决不肯毁除婚约，让老人家伤心的。细读《留学日记》，胡适诚然爱同有脑筋的洋女子谈话、通信，可是一点也看不出同她们有论婚嫁之意，韦莲司的服饰仪表，德刚在书里已交代得很清楚。另一位同胡适通信颇勤的瘦琴女士（Nellie B. Sergeant），"业英文教授"，有两个夏天来康奈尔大学暑期班进修，这样才同胡适认识的。她"年事稍长，更事多，故谈论殊有趣味"。胡适哪里会同她谈恋爱？

德刚认为他的假设有理，主要证据是《留学日记》里节录的两封英文信。一封是韦女士一九一五年二月三日写给胡适的；一封是胡适自己一九二八年一月廿七日写给韦老夫人的回信。本书读者如细审二信的部分原文（《留学日记》页五三五—五三七，八三五—八三六），一定也会同意，德刚误解了它们的涵义。

一九一五年一月二十三日下午（《日记》页五二四），胡适访"韦莲司女士于其寓，纵谈极欢。女士室临赫贞河，是日大雾，对岸景物掩映雾中，风景极佳。以电话招张彭春君会于此间。五时许与女士同往餐于中西楼。余告女士以近年已决定主张不争主义（Non-resistance）：……女士大悦，以为此余挽近第一大捷，且勉余力持此志勿懈。……女士见地之高，诚非寻常女子所可望其肩背。余所见女子多矣，其真能具思想、识力、魄力、热诚于一身者惟一人耳"。

读这段札记，我们无法肯定张彭春有没有跟胡、韦二人一起去中西楼吃晚饭。但在一个"纵谈极欢"的下午，胡适如真有意追韦女士，怎么会打电话邀张彭春来会谈？可见胡适对女士毫无所求，还要邀他的朋友来同赏她"见地之高"。这次纵谈之后，想来隔不多天，胡适又去韦女士那里"纵谈"了一次。韦莲司原是不顾世俗的奇女子，也可能早已钟情于胡适。那次谈话，很可能她露出了她的"狂狷"本色，动手动脚，倒把我们的"胆小君子"吓坏了。胡适招架不住，只好直言早已订了婚，如同韦女士有不轨行动，与"礼"（propriety）不合云云。事后韦女士很气，也有些恼羞成怒，二月三日写了那封"论男女交际之礼"的信，责备胡适不够开通而拘于"礼"（blocked by a "sense of propriety"）。在她看来，像他们二人这样超脱世俗的"最高级人才"（the highest type of human being），只要"思无邪"（propriety of thought）就好了，行为上的"非礼"（impropriety）倒是毫无关系的。德刚兄若细品此信，即可看出，韦女士采用的完全是玙姑在《老残游记》里教训申子平的口吻。胡适原则上是反宋明理学的，虽然在日常生活上还遵守"非礼勿动"的原则。他看了这封信后，对她的"卓识"更为佩服，认为"此论即在所谓最自由放任之美国亦是骇人听闻"。但想来韦女士觉得胡适不识抬举，以后只同他论学问，谈思想；生活上需要"放浪形骸"一下，另找别的男人了。

韦莲司一人在纽约"放浪形骸"，她母亲有所听闻，实在有些着急了。差不多一年之后，她写信嘱胡适去规劝她。胡适既是个少年老成，非礼勿动的"东方人"（an Oriental），对她女儿的某些行为一定看不惯罢？何不劝劝她呢？她是最看重你的！胡适虽是"胆小君子"，对韦女士的"卓识""狂狷"原则上是佩服的，回信理直气壮地斥责韦夫人虚伪。责问她是不是不信任自己的女儿，既如此，把她关起来，不给她行动自由好了。德刚引译那一段信里的"我们"一词（"我们为什么要顾虑'别人'对我们怎样想法呢？……"），乃所谓editor; al "We"，非指胡适、韦莲司二人。德刚看不出这一点，把胡适致韦夫人书完全曲解了。

五、胡适与陈衡哲

胡适同陈衡哲女士留学期间的关系，德刚分析得入情入理，读后十分折服。但同时德刚故作妙论，认为陈衡哲是他提倡"诗国革命""文学改良"的烟丝披里纯（inspiration），"所以新文学、新诗、新文字，寻根究底，功在莎菲"，那就言过其实了。在《逼上梁山》文里胡适说得明明白白，他倡导白话文学的灵感得自钟文鳌，他是清华学生监督处驻华府的书记。陈衡哲未同他通信之前，胡适早已在试写白话诗了。

中国大学生、留学生间，的确有个"朋友之'友'不可友"的传统。莎菲女士既为任叔永所发现，胡适又是任君的挚友，当然不便去追她。但我认为假如胡适尚未订婚，他一定会努力去追求莎菲女士的；论才情任不如胡，看样子莎菲也会嫁给胡适的。当然任氏夫妇一直是胡适的至交，也是他事业上最亲信的左右手，他对任太太是不存一丝罗曼蒂克的幻想的。但任、陈婚姻如此美满，胡适自己家里有个病中不准他看书、写诗的老婆——相形之下，他免不了艳羡他们的幸福。他骗过江冬秀，给自己的女儿取名素斐（Sophia），虽不能说纪念他同陈衡哲那段旧情，至少也希望女儿像瓦莎学院优等生莎菲一样的聪明好学，而一点也不像她生母那样地庸俗。德刚道破胡适为爱女取名用心良苦这一点，实在令人心折。

胡、陈二人尚未见面前，即可说已是"心有灵犀一点通"了。有一次，任叔永从麻州剑桥寄两首陈衡哲的诗给胡适看，要他猜是何人写的。（陈衡哲《小雨点》任序，则谓故意骗胡适"是我作的"。）胡适对其中一首咏"月"诗特别激赏（"初月曳轻云，笑隐寒林里。不知好容光，已印清溪底"），回信写道（《日记》页一〇五八——一〇五九）：

两诗妙绝。……"风"诗吾三人（任、杨及我）若用气力尚能为之，"月"诗绝非吾辈寻常蹊径。……足下有此情思，无此聪明。杏佛有此聪明，无此细腻。……以适之逻辑度之，此新诗人其陈女士乎？

任叔永如未把此信转寄陈衡哲，也一定会把胡适评语抄给她看的。她看到后，一定感到十分光荣，且视胡适为生平知己。当时美国东部，留学生间成绩最优异的要算上赵元任、胡适二人，但胡适到处演说，发表英文文章和读者投书，风头比赵更健。这样一位当代才子盛赞其诗才，莎菲怎可能不被其感动？

同样情形，胡适也认为莎菲是他的生平知己。任、杨、梅、朱都反对胡适搞文学改良，写白话诗，真正响应他就只有陈衡哲一人。新文学史上最早一篇短篇小说即是她的《一日》，载一九一七年出版的一期《留美学生季报》，同时期她也写了不少白话诗。（我另有长文论陈女士，将刊《现代文学》季刊。）很可能陈衡哲真有雄心为新文学开路；但她见到胡适给众朋围剿，特地试写些白话诗、白话小说，助他一臂之力，以取悦于他，这也是大有可能的。

陈衡哲返国后，在一九二四年十月号《小说月报》上发表了一篇题名"洛绮思的问题"的小说，集《小雨点》。这篇小说我认为影射了陈、胡二人不寻常的关系，至少也透露了陈自己对胡的一番爱慕。德刚谓胡适到老还一口咬定莎菲女士"当时抱的是独身主义"，我相信莎菲的确对他说过这样的话，而洛绮思的"问题"即是知识女子的独身问题。小说的原来样子已无法看到，因为出版前陈衡哲听取胡适的意见，已把初稿加以增删。胡适在《小雨点》序上写道：该小说"我和叔永最先读过，叔永表示很满意，我表示不很满意，我们曾有很长的讨论，后来莎菲因此添了一章，删改了几部分"（《小雨点》胡序，页一）。莎菲别的小说，胡适都很满意，惟独这篇他坚持要删改，还同任氏夫妇做了"很长的讨论"，我想决非技巧上的问题，而是胡适心虚，恐人家看出小说里有所影射。

其实，小说男女主角都是美国白种人，任叔永就给他太太瞒过了。男主角瓦德白朗是位哲学教授，洛绮思是同校同系的研究生。洛绮思的原名似应作Lois，但也必然使我们联想到爱洛绮思（Héloïse），那位因热恋老师而青史垂名的女学生。陈衡哲专攻欧洲史，对中世纪的人物很熟悉。她写过一篇介绍僧尼孽侣"亚波拉与爱洛绮思"的文章，收入《衡哲散文集》（一九三八）。亚波拉（Abelard）最后屈服于教会的权威而甘愿与爱洛绮思永别，陈衡哲对他的懦弱表示非常愤慨。卢梭的长篇小说《新爱洛绮思》（*La Nouvelle Héloïse*，一七六三），不知陈衡哲有没有读过。女主角同她的家庭教师热恋，后来嫁了人还是爱他。她的丈夫非常开明，竟邀太太旧情人同他们一起长住。假如莎菲真的私下里爱过胡适，任、陈、胡三人持久的情谊倒真有些像卢梭小说里的三主角。

陈衡哲笔下的洛绮思当然是个独身女子。"独身主义"在当年西洋职业妇女间是一个极时髦的风尚，莎菲在瓦莎那几年，通信的男友这样多，她明言抱独身主义是很可信的。那时留学美国的中国女子人数极少，总想回国干一番事业，不轻易谈婚嫁。当然也很可能，陈衡哲独在胡适面前表明独身主义，表示她对任叔永并不在乎，想用"激将法"鼓起胡适的勇气来，同江冬秀解除婚约，一心一意追她自己。任叔永一九一六年暑假开始追莎菲，但他同胡适一样，也是翌年夏季即返国的。二人返国后，同样只能以通信方式同莎菲保持友谊。可是一九一七年底，胡适即同江冬秀结了婚，从此莎菲死了一条心，虽然她同任叔永结婚已是一九二○年下半年的事了，在她修完芝大硕士学位返国之后。胡适结了婚，总不得不郑重其事地写封信给他的瓦莎女友，表明一番心迹。假如莎菲一直在爱他，希望他返国后同江女士解除婚约，收到这封信，心里该是十分难受的。她那时候的心境，即给了她写《洛绮思》这篇小说的最初灵感，虽然她把这则故事藏在心头好多年，才敢把它写下来。

在小说里，瓦德同洛绮思互相爱慕三年之后，宣告订婚。但洛绮思怕结婚生子妨碍她的学问事业，旋即反悔。瓦德竟答应解除婚约，凄然说道（《小雨点》，民国二十八年三版，页七一）：

> 洛绮思：我的爱你，我的崇拜你，便是为着你是一个非常的女子。若是为了我的缘故，致使你的希望不能达到，那是我万万不能忍受的。你应该知道我并不是那样自私的人。若能于你有益，我是什么痛苦都肯领受，什么牺牲都能担当……

三四月之后，堂堂哲学教授瓦德白朗竟同"一位中学校的体操教员"结了婚。蜜月之后，他写封表明心迹的信给洛绮思（同书，页七六—七七）：

我的亲爱的朋友：

> 瓦德结婚了！蜜妮——这是我的妻子的名字——是一个爽直而快乐的女子，虽然略有点粗鲁。她当能于我有益，因为我太喜欢用脑了，正需她这样一个人来调调口味。
>
> 有许多我的朋友们，以为我应该找一个志同道合的人来做终身的伴侣。我岂不愿如此，但是，洛绮思，天上的天鹅，是轻易不到人间来的。这一层不用我说了，你当能比我更为明白。

我不愿对于我的妻子有不满意的说话，但我又怎能欺骗自己，说我的梦想是实现了呢？我既娶了妻子，自当尽我丈夫的责任，但我心中总有一角之地，是不能给她的。那一角之中，藏着无数过去的悲欢，无限天堂地狱的色相。我常趁无人时，把他打开，回味一回，伤心一回，让他把我的心狠狠地揉搓一回，又把他关闭了。这是我的第二个世界，谁也不许偷窥的。他是一个神秘的世界，他能碎我的心，但我是情愿的；他有魔力能使我贪恋那个又苦又酸的泉水，胜于一切俗世的甘泉。

我的朋友，请你恕我的乱言。我实愿有一个人，来与我同游这个世界。我怎敢希望这个人是你呢？但你却是这个世界的创造者，没有你便没有它，所以它是纯洁的，出世的，不染尘滓的。

我不多写了。我要求你明白，瓦德虽是结了婚，但他不甘因此关闭了他的心；尤其是对于洛绮思，他的心是永远开放着的。

我永远是你的，瓦德。

但他写完这封信之后，忽然又觉得不妥。他更自思量，觉得他和洛绮思的交情，是不应该这样的。洛绮思不是他的一个敬爱的朋友吗？但这信中的情意，却是已经越出朋友范围之外了。这岂不是把洛绮思待他的高尚纯洁的感情，抛到污泥中去了吗？他将何以对她呢？他将何以对世上的女子呢？固然，他是有权可以保存这个心中的秘密的；固然，他的已碎的心是不怕再受伤损的，但他却无权去伤害他人的心。他只应把这个秘密的种子保存在他自己的心中，不应把他种到肥土里去，让他去受那日光雨露的滋养；因为他所开的花，是要给洛绮思以极大的痛苦的。他想到这里，便决意把这粒种子收回他的心之秘处去，永不让它再见天日了。于是瓦德写封比较大方的信寄给她，表示"除了切磋学问，勉励人格之外，在他们两人中间，是没有别的关系可以发生"的了。

假如胡适返国后，曾同陈衡哲通过情书，那么他在完婚之后，写一封如怨如诉的信给她，调子一如引文里的那封未寄之信，是很可能的。当然，也很可能胡适一直抱着"朋友之'友'不可友"的宗旨，从未同莎菲通过情书，而这篇小说仅表示在陈衡哲的想象中胡适应该写一封这样的信给她。她不仅对胡适没有勇气追她表示失望（怎能轻信她会抱"独身主义"的话呢？），也对胡、江二人的结合，表示极大的怜悯。当世第一才子，怎可同一个缠足村姑胡乱结了婚呢？美国没有缠足女子，在陈衡哲的想象中，江冬秀变成了一个"中学校的体操教员"，比她再"粗鲁"的女子，就更不适合哲学教授太太的身份了。信中有好些话，诸如"我不愿对于我的妻子有不满意的说话，但我又怎能欺骗自己，说我的梦想是实现了呢？"我想胡适初读原稿，一定感慨万千。胡、陈二人可能没有通过情书，但"洛绮思的问题"本身就是一封莎菲表明心迹的情书。专攻化学的任叔永读了初稿还看不出苗头，胡适自己倒紧张起来，硬教她把小说加以增删。"添了一章"，瓦德不再出现，小说重点放在多少年后老处女洛绮思的身上了。

德刚认为胡太太是同时代"千万个苦难少女中，一个最幸运、最不寻常的例外"，这句话说得很对。但德刚认为胡适自己也是"'三从四德'的婚姻制度中，最后的一位'福人'"，倒不见得。胡适如能同陈衡哲这样的女子结婚，当然生活要美满得多。且不说住在纽约那几年，胡适定不下心来作研究；即在二三十年代，胡适自己太忙，太太没有现代医药常识，也不知如何管教子女，弄得爱女夭折，二儿子思杜从小身体虚弱，教不成器——一个家庭里产生了这两大悲剧，总不能算是美满的。假如在《梦见亡女》诗里，胡适真如德刚所说的"一石双鸟，悼亡、怀旧"，那么他写诗时最不可告人的感触即是：假如太太是莎菲，素斐也不至于夭折了。

六、"当代第一人"

近年来我为朋友写序，借用胡适一句话，"觉得我总算不曾做过一篇潦草不用气力的文章"。每篇序总言之有物，不是说两句空泛的捧场话就算数的。写《胡适杂忆》的序，我用气力更多，等于自己作了一番胡适研究，不得不把书中有些不敢苟同的假设和论点，加以评审。我觉得这样做才对得住作者，也对得住读者。德刚兄认为胡适在哥大研究院两年，绝无可能把博士学位修完，这一点我完全不同意，已在另文《胡适博士学位考证》（见《传记文学》第一九八期）里加以辨正，在序文里不再加以讨论。德刚兄对有关胡适的资料看得极熟，但写《胡适杂忆》时，每月要赶出一篇，有些早已读过的书反而没有时间去查看。在《七分传统·三分洋货》这一章里，德刚认为哈佛博士格里德（Jerome B. Grieder）讲到少年胡适不信鬼神这一点，特别把范缜《神灭论》搬出来，有些小题大做，"不知轻重"。其实《四十自述》里即有《从拜神到无神》这个专章，胡适"十一二岁时便已变成了一个无神论者"，的确是受了司马光、范缜二人的影响。胡适父亲诚然是个理学家，不信鬼神，且与"僧道无缘"。但胡老先生过世，胡适才三岁零八个月。他母亲和其他女眷们都是迷信神佛的。胡适不信鬼神地狱，自己归功于范缜的启示。

序文虽已写得很长，我所讨论的主要是"五十年代的胡适"和"胡适及其太太和女友"这两个题目。但《胡适杂忆》不单提供了不少胡适传记的珍贵资料，也不单是他晚年蛰居纽约那一长段时间最忠实的生活素描和谈话实录，它也是胡适一生多方面成就的总评。三四十年来，"胡适批判"是个热门题目，但纵横畅谈其思想和为人，与其整理中国哲学史、文学史，推动文学革命，提倡科学、民主、自由之得失功过，像德刚这样面面俱到，既同情而又客观，敬爱其人而不袒护其短的，实在还没有第二个人。胡适在美国求学期间，吸收了不少西方新知识，但返国以后，一方面整理国故，忙于考证，一方面关心时事，多写政论，简直没有时间吸收西方的新学问和新学说。四十年前金岳霖即敢说："西洋哲学与名学又非胡先生之所长。"到了五十年代，唐德刚更可以说："西洋史学亦非胡先生之所长。"我自己也可以说："胡先生返台以后，早无意追逐西洋文学的现代潮流，现代西洋文学批评他也一窍不通。"留学七年，胡适读了那几本西洋文学名著，《日记》上大半都有记载。一九一七年返国后，实在没有余力顾及西洋文学。一九五二年十一月胡适第一次从美国飞台湾，做了不少次演讲，也接受了好多次访问。有一位记者问他美国文坛概况，胡适作了如下的答复：

> 第二个问题，我要完全缴白卷了。几年来因为世界政治形势的太不安定，我差不多放弃了对于文学的研究。关于美国文坛的情况，《纽约时报》和《论坛报》每周都有一张销行最广的书目表分送，表内所列的新书，一面属于小说的，一面是非小说的。这两张表所列的新书，小说方面，十部中我顶多看了一二部，非小说的，十部中顶多看三四部。我对于美国文坛还没有做过系统的考察，诸位有兴趣，我去美后如有时间，当加以研究，随时向文艺界作简单的报告，现在只好缴白卷了。
>
> ——《胡适言论集》（甲编），页一一三（"自由中国社"，一九五三年初版）

胡先生对美国文坛概况一无所知，一点也没有什么难为情。他在座谈会上逼得说谎，且说了不少外行语，倒令我很为他难过。胡适哪里会有功夫去每季选读一两部畅销小说？这类小说的绝大多数算不上是文学，连美国严肃的批评家也不读它们的。美国高级文艺刊物这样多，胡适仅能提一提当年纽约两大日报所刊载的畅销书目表，实在太不合我国新文学开山祖师的身份了。

到了五十年代，胡适同西洋文学、史学早已脱了节，二次大战以后倡行于欧美学院间的各派新兴哲学，想来他也所知极浅。胡适自信心很强，而且讲究"前后一致"（德刚讨论此点，极精彩），他既早已归奉杜威的"实验哲学"，西洋哲学界的新动态，他就觉得不值得注意了。假如自己的思想在晚年有所转变，岂非胡适为人前后不一致了？同样情形，他讲中国文学史，就抓住"白话"这个观点，视之为评判古代作品优劣之基本考虑，虽然那几部称得上白话文学里程碑的古典小说，不一定就是他真心喜爱的作品。骨子里他同周作人一样厌恶古老中国的"非人文学"，《红楼梦》《水浒传》所刻画的中国社会都是极不人道的，所以他对二书都不喜欢。《红楼》更表扬了释道的虚无思想，也是他所不喜的。（胡适对德刚说："《红楼梦》不是一部好小说，因为《红楼梦》里面没有一个plot〔有头有尾的故事〕。"其实plot之有无，对胡适来说，是不重要的，《老残游记》比起《红楼》来，更无 plot可言，他却特别喜欢。）但《红楼》的白话文体实在太漂亮了，他在考证《红楼》的论文里就不敢对它加以劣评，免得显出自己批评观点前后不一致。《三国演义》是用浅近文言写的，所以他敢放胆骂它"平凡浅薄""创造力太薄弱"。假如《三国》也是部白话小说，他就不便放胆去骂它了。胡适执着于"白话"这个观点，作为小说评论家，有些地方天真得可爱。

胡适太讲究为人、立说前后一致，"今日之我"从不与"昨日之我"挑战，即在三十年代对国外新兴之学说就不太注意。但综观其一生之成就，我完全同意德刚给他的盖棺定论：

> 胡适之先生的了不起之处，便是他原是我国新文化运动的开山宗师，但是经过五十年之考验，他既未流于偏激，亦未落伍，始终一贯地保持了他那不偏不倚的中流砥柱的地位。……开风气之先，据杏坛之首；实事求是，表率群伦，把我们古老的文明，导向现代化之路。
>
> 熟读近百年中国文化史，群贤互比，我还是觉得胡老师是当代第一人！

胡适是"当代第一人"，一方面因为"他的为人处世，真是内圣外王地承继了孔孟价值的最高标准"，另一方面因为不论国粹派也好，共产党也好，反胡阵营中竟找不出一位学问、见解（且不谈人品）比胡适更高明的主将堪同他匹敌。相比起来，胡适对我国传统的批判，对国家现代化提出的种种建议，不由得我们不听取采纳。目前海内外不少中国学者，被西洋汉学家牵了鼻子，也跟着大吹我国的"玄学""理学"；更有些人，因为李约瑟（Joseph Needham）推崇中国固有文化在科技方面的成就，也沾沾自喜起来，认为古老中国代表了一个科学昌明的文化。这些人不去反省一下，欧洲国家文艺复兴以来在科技文艺各方面如何突飞猛进，而同时期明清读书人又在干些什么？从没有人说过（胡适当然没有说过），中国人的天赋才智比不上别的民族，但汉代以还，专制政体逼着读书人走上两三条狭路——先秦时代那股朝气勃勃、自由探究真理的精神直到二十世纪才能复苏。

胡适虽是"当代第一人"，在德刚看来，他的"中学"止于乾嘉，

"西学"亦未超过赫胥黎、杜威二人。德刚自己在五十年代受了严格的史学训练，他所接触到的理论、学说，和治学方法，已和胡适当年在哥大接触到的大不相同。本书另一特色，即是德刚借题发挥，提到胡适任何哪一方面的学问和贡献，也把自己对这项学问多少年来所汇积的心得和见解提供给大家。《传记·史学·行为科学》这一章分量特别重，直言胡适对各种社会科学所知极浅，对经济学可说一窍不通。但德刚想来也同意，即凭他那种专做考证的治学方法，胡适在"整理国故"方面的贡献实在太大了。假如一九一七年返国后，不轻易发表文章，花他十年功夫来自修经济学、社会学、人类学、心理学，这样壮志磨尽，虽然可说学问更有长进了，胡适也不再是胡适了，他变成了在社会上影响力极微的纯学者了。惟其胡适有他的自信，有他的冲劲，绝对信任他的"科学的治学方法"，绝对乐观，才能在返国后二十年间干出一番轰轰烈烈的大事业来。

胡适提倡白话，也赞助过"汉字拉丁化"运动。但因为他一向对"文言"抱了最大的偏见，在文字学、语言学这两方面贡献并不大。在中国语言文字的沿革史上，他认为"往往小百姓是革新家而学者文人却是顽固党"。两千年来小百姓"把中国语的文法修改完善了"，同时创造了不少"破体字"，算是"汉字形体上的大改革"。德刚说得很对，小百姓贪省力，提倡几个"破体字"，又算得上是什么"惊人的革新事业"呢？

本书最精彩的一章是《国语·方言·拉丁化》这一章。想不到德刚因为要补充、修正胡适对中国语言文字沿革史的了解，竟写了一篇面面俱到、极有深度的宏论。在这一章里，德刚对中西文字、中西文化作了比较研究，最能使我们看得出他史学家的修养和爱护方块字、坚决反对汉字拉丁化的爱国热诚。

该章第一要点是：拼音文字鼓励方言发展，"方块字"则维系了中华民族的统一：

> 要言之，我们有了方块字，教育愈普及，则民族愈团结；民族愈团结，则政治统一便愈容易推动。政治、文字、教育有其一致性，它也就限制了方言的过分发展。如今世界，四个人之中，便有一个是"炎黄子孙"，岂偶然哉？

> 文艺复兴以后的欧洲便适得其反。他们教育愈发达，则方言愈流行；方言愈流行，则政治愈分裂。这就是今日白鬼种族繁多之所以然也。这也就是两种不同文字"偶然"的发展，在人类社会发展史上所发生不同的"必然"后果！

该章第二要点是：秦朝一统天下后，废除篆字，推行隶书，"其惠百世不斩，余泽及于我辈！它是我国历史上空前绝后的'文字大改革'"。德刚认为汉字可以再简化，但绝对不可以"拉丁化"。一旦拉丁化，古书就变成无法看懂的"有字天书"了。中国文化也要中断了，"我们亚洲的黄人，也就变成美洲的红人了"。

德刚的第三点：方块字不难学，拼音文字也不容易。主要问题在中小学教育；目今纽约市文盲特别多，这是市政府教育制度之大失败。

数月前初读这一章，我对德刚兄的胸襟见识，更加由衷地钦佩。胡太太称许德刚为胡老师"最好的好后学"，一点也没有说错。同《胡适文存》里好多名文一样，《国语·方言·拉丁化》是篇"立言"之作。唐德刚一如其师，用了"明白晓畅的文字"来报告他的心得，"叫有眼的都可以看见，有脑筋的都可以明白"中国文字的特点和长处。

一九七八年十月十五日完稿

回忆胡适先生与口述历史（上）

一

一九七二年秋初，美国哥伦比亚大学的东亚研究所附设的中国口述历史学部公布了一部分中国名人的口述自传，由纽约时报财团所经营的美洲缩微胶片公司影印发行。其中关于胡适的部分原是笔者二十年前襄赞胡先生，断断续续地记录，整理和编写出来的。那本是一部未定稿。哥大率尔影印发行，未免草率从事。但斯时笔者刚自哥大转职到纽约市立大学，并承担了一部相当繁重的行政工作。平时已日不暇给，故对胡稿之仓卒发行，也就未自找麻烦，多作主张了。

事隔数年之后，不意今春突奉刘绍唐先生来信，说传记文学社已取得该稿的翻译权。我既是该稿的原始编撰人，绍唐兄希望我终始其事，承担起本稿的汉译工作，以便《传记文学》月刊，按期分章发表。

事实上，二十年前适之先生与笔者一起工作之时，我们的工作语言，原是英汉双语并用，而且底稿的拟订，多半也是先汉后英。只因为那时哥大当局对中文稿毫无兴趣，而对英文稿则责功甚急，笔者受聘执笔，为争取时间才把中文稿通统删掉。今日思之虽觉可惜，然当时也是格于规章，出诸不得已。

其实当年胡先生和我由汉译英时，也曾费了一番心血。因为胡适的自传与一般名人的自传在性质上颇有差别。其他名人传记多半以叙事和说故事为主；而胡传则重在论学，尤其是讨论中国的古典著作，是一部学术性的自传（intellectual autobiography），就翻译来说，则故事易翻，而论学难译了。

举个浅近的例子：一次胡氏和我讨论到梁启超编的《新民丛报》，我顺口译为The New People Miscellany，而胡先生认为不妥。他说"新民"二字应译为renovated people。我当然尊重胡先生的翻译，但是我总觉得我的译文虽然"以词害意"，胡先生的译文也难免"以意害词"，还是我的较为顺口些。胡氏也完全同意，但是我们研究了半天，还是找不出一个更妥当的译名来。

如今胡先生已长眠地下，绍唐兄要我独力再由英文稿译回中文，承命之余，二十年前旧事，重涌心头，真是感慨万千。我生为炎黄子孙，把原稿回译以飨国人，我自觉是有道义上责任的。再者我试翻手头残笺，发现哥大所公布的稿子与胡先生当初和我所合拟的计划也不无出入。读者如将影印于胶片上的英文稿和笔者所保存的胡氏手书自述大纲（见影印附件）两相比较，一览便知。今日绍唐兄既有此指派，我也想乘此机缘把这宗文稿再稍加整理，以保留一份较为可靠的先贤遗作。同时在动手回译之前，我自觉也应向当今读者和后世史家，就本稿编撰始末和笔者个人由认识到襄赞胡先生的往还和工作的经过，作一简短的交代。

二

胡适是"传统中国"向"现代中国"发展过程中，继往开来的一位启蒙大师。他在我国近代的学术思想界里（这儿笔者着重的是"学术"二字），可以说是初无二人。正因为他既"开来"又"继往"，在思想流于偏激的国人看来，他的一言一行就不够刺激；有人甚至把他看成连折衷派也不如的"反动学者"。同时在思想倾于过度保守的人士的眼光里，胡适却又变成了背圣绝贤、为异端铺路的罪魁祸首。因而胡氏多彩多姿的一生，便在他自己常说的"左右为难"中度过。这一结果也是他先天禀赋和后天学养，合二为一所铸造出来的。实际上，这可能正是他有生之年的时代需要；也可能是他名重一时的主因。因为占全世界人口四分之一的中华民族里，思想偏激的既是少数，而主张养辫子走回头路的也是不多啊！

因此，胡适便成为近代中国，唯一没有枪杆子作后盾而思想言论能风靡一时，在意识形态上能颠倒众生的思想家。不用说，他对高度工业化社会所孕育出来的"现代文明"讴歌不绝；他对我国优良的农本主义的社会传统——乃至不太优良的社会传统，也在有意无意之间，作出了有深厚温情的维护。

胡氏这种改良派的弱点很显明的一环，便是那千余年科举制所遗留下来的，中国知识分子着重籍贯的"畛域观念"和传统士子们对个人出身和学术师承的"门户之见"。

胡先生是安徽人，哥大出身，北大成名。因而他对这三重背景都存有极深厚的温情主义，而且老而弥笃。事实上，胡先生晚年对笔者这一后辈，不拘形迹地教导与往还，与他这三大偏爱，亦不能说毫无关系。

适之先生和我有乡谊，虽然他说起徽州话来，我一句也听不懂。据他老人家说他和我家老辈们还有点世交。他能数出我家长辈的一大堆名字来，虽然那些名字，历史上既找不到，对我自己也非常陌生。

原因是：当胡先生少年在北大成名的先后，那以段祺瑞、王揖唐等为首的"安福系"正炙手可热；同时那以陈独秀、高一涵、胡适为首的知识分子反对派，也正锣鼓喧天。这针锋相对的朝野两派的领导分子恰巧都是安徽人。那时我家亦长住北京。先曾先祖，乃至父叔辈，对这朝野两派的同乡，都有千丝万缕的关系。

但是当时在北京居住的吾皖老辈对后起的青年学者则多鄙薄陈独秀（实庵）而推崇胡适之。政治思想问题倒是次要的。主要的是传统的礼教观念在作祟。陈实庵的偏激言论，本已不容于乡中前辈；而他以北大文科学长之尊，竟公然在北京嫖妓宿娼，甚至亲往妓院"打场"（宠妓暗结新欢，原狎客愤而动武之谓）。这行为使同乡前辈中的真道学、假道学都一起摇头叹息。此事胡先生曾亲口告我属实。

胡适那时的表现与陈独秀正相反。他是刚自美国学成归来的真正的新青年。学问上固然"中西俱粹"；在个人行为上，也循规蹈矩，为一时模范，在同乡长辈中，口碑极好。因而新文化运动中，一切为老辈所看不顺眼的什么"反贞操""仇孝""打倒孔家店"等等烂账，都上在陈独秀头上；而"新文化""新文学""新思想""新道德"等一切好的新的都封给了胡适。加以胡氏又是位调和气味极重的人，不因同乡长辈或平辈是官僚、军阀或纨袴子，就拒人于千里之外。纵是段系所召开的"善后会议"把他列名其中，胡氏亦不自辩。所以他同我家老辈在北京颇有往还。

这便是适之先生与我的一段我自己也不清楚而他却甚为珍惜的乡情和世谊。但是我个人之认识胡先生则是从胡氏的另一偏爱——哥伦比亚大学的校园里开始的。

三

五十年代的初期正是哥大忙着庆祝立校二百周年纪念之时。胡氏是该校的名校友，因而在校园内集会的场合，常常看到他。胡适之和其他我所认识的前辈有个不同之点，那就是他特别欢喜和青年人接近，并且主动地去发掘。胡氏的个性亦适于接近年轻人。他虽然与一些后辈年龄和地位相差一大截，但是"代沟"不深，一齐嘻嘻哈哈，彼此之间很快就打成一片。

二次大战后的哥大原有中国学生三百余人。一九四九之后人数骤减，学文法科的高班研究生只剩下聊聊数人。笔者当时就是这几个中国研究生之一，因而和胡先生在校园内亦偶尔晤面。晤面的场合多半是我是个穿着工作服，正在做工的学生；他则是校方邀请的主客之一。但是胡先生总要找个机会走过来和我们做工的学生和小职员们，拉拉手嘻嘻哈哈聊一阵。那时纽约的左派华文报纸正嘲笑他是"过河卒子过洋来"！起先我们想胡适这员过洋大卒，如何能记得起我们这批过洋小卒的名字呢？拉拉手之后，不就算了。孰知事有不然，胡先生这人很细心，他对这些小地方极为注意。两三次偶尔晤面之后，他老人家便能称名道姓起来，有说有笑，使对方无拘无束把胡适之真的看成"我的朋友"了。

胡先生那时经常在哥大图书馆内看书，来时他总归要来找我，因为我是馆内他所认识的、唯一的一位华裔小职员。我替他借借书，查查书。有时也为他开开车，并应召到他东城八十一街简陋的小公寓里吃一两餐胡伯母所烧的"安徽菜"。胡伯母的菜烧得和她的麻将技术一样的精湛。但他二老限于精力不常请客。我去时只是如主人所说"加双筷子"，又因为我是"安徽人"，对他二老的"家乡口味"，一定可以"吃得来"的缘故。

那是五十年代的初期，当年名震一时的党、政、军、学各界要人，纽约十字街头，随处可见。但是他们的言谈举止，已非复当年。中国大陆，那时正是土改肃反，实情如何，难以蠡测。台湾那时在一般人想象中，也只是个瘴疠满山、蛇蝎遍地的亚热带小岛——一个重洋之外、烟水乡里、无从捉摸的"香格里拉"！

干脆就在纽约定居吧。但是长安之居，谈何容易！加以当时排华之律未全除，种族歧视犹健在。那些挂冠部长、解甲将军、退职学人，到此时此际才了解本身原来力难缚鸡，在资本主义的社会里，谋生乏术。

就拿胡适之先生来说吧，胡氏在纽约退休之时，精力犹盛，本可凭借北美之资财，整理中华之国故，孰知他的盖世才华，竟只能在普林斯顿大学做一短期的中文图书管理员。这一职位，因很少洋学者可以担任，笔者后来在哥大亦承乏至七年之久。自我解嘲一番，这是个学术界清望甚高的位置。事实上，它在整个大学的行政系统中，则微不足道。经院官僚，根本不把这部门当作一回事。任其事者亦自觉人微言轻，无啥建树之可言。笔者何人？居其位犹不免有倚门弹铗之叹，况胡适博士乎？

后来胡氏在哥大来来去去，哥大当轴对这位"中国文艺复兴之父"，表面上还算相当尊敬，但是在敷衍他老人家面子的背后，真正的态度又如何，则非胡氏之所知矣。一次我和当轴一位新进一块儿午餐，他正在罗致人才来充实有关汉学之教研。我乘机向他建议请胡适来帮忙。他微笑一下说："胡适能教些什么呢？"事实上，我也完全了解他这句话是反映了当时美国文教界，对华人学者在美国学府插足的整个态度。那就是只许狗摇尾巴，绝不许尾巴摇狗。但是"我的朋友胡适之"怎能作摇尾之才呢？所以对他只好敬而远之了。

其后美国学术界为时势所迫终于把门户稍稍开放，少数华裔幸运儿亦能勉强微憩于他人的卧榻之侧，然而其情况亦只有知之者，知其心忧；但一入簧宇，自然便自觉身价不同，胡适又何足道哉？真是"汉儿傍得胡儿睡，便向宗邦傲汉儿"，也就可悲之极了。

但是适之先生却是一位有深厚中国传统文化修养的老辈学者。他丢不掉孔孟之道的包袱，而又自认为国际主义者。他不了解他终身颂之的所谓"现代西方文明"里的"生活方式"是以"契约""合同""利害""力量""斗争"等深入人心的概念为基础的。所谓"民主"，所谓"容忍"（这是胡氏晚年政治哲学的精髓）只是力量、斗争、利害等均衡以后的契约行为。

胡先生在中国未做过官僚，在海外也未尝与洋人共事，因而他没有看出今日西方的社会——这个陈独秀所说的"以小人始，以君子终"的社会里面，那些人与人之间有礼无让、刻薄寡恩的"小人"的一面。他背负着礼让的教条，爱人以德，因而只看出西方社会里恂恂然的"君子"之风。所以他老人家对"现代西方文明"的维护，直到他一杯在手、含笑而终而后已！

胡氏这种真正的可敬可爱的孔门书生的气习，便十足地表现在他对他母校关怀的心情之上。他对哥大的爱护绝不下于他对北大的爱护，其居心之纯朴，真是情见乎辞。

记得有一次胡先生要我替他借一本大陆上出版的新书。我说哥大没有这本书。胡先生惊讶地说："我们哥伦比亚怎能没有这本书？！"

原来哥大当时图书经费的分配是按各科系注册学生人数为标准。那时读汉学的洋学生不过聊聊数人，图书经费因而只摊到二百元。二百元能买多少书呢？胡先生认为"这太不像话"！他约我到他公寓去吃晚饭，并把此事"好好地谈一谈"！

我真的和胡先生为此事谈到深夜，但我内心的反应只是一阵阵的辛酸。我认为胡氏找错了"谈一谈"的对象。我这小职员算老几？谈有何益？然使我更觉难过的是胡氏除我之外，也很难找到适当的对象。胡适之的确把哥大看成北大，但是哥大并没有把胡适看成胡适啊！

胡先生最后告诉我说，他要去找几个"有钱的校友"像顾维钧先生那样的人捐两千块钱给哥大购买中文图书，分十年摊用，庶几每年购书费可以增加一倍。后来果然有位"无名氏"捐了两千元，是否是顾先生解囊之赠，我就未去追问了。迨一九六二年秋笔者接管哥大图书馆中文部时，经费已十分充裕，而这笔小款子还有千元未动。那时我自己的文化包袱也在作祟，我计划把这千元之款购一部珍版书，以纪念当初筹款人的一番心意，然蹉跎岁月，事愿两违，今日思之，犹觉耿耿！

另一次，有人替胡先生画了一张油画像。胡氏亦以父兄家长的身份送给了哥大中文图书馆。按理这幅画像是应该挂起来的。孰知它一入哥大，便进了地下室烂书堆，无人理睬。一九六二年东亚馆迁入了一座八楼大厦，地方十分宽敞，大楼四壁空空。我要把这幅像挂于阅览室，当时就有人反对说："哥大向不挂生人照片的！"我说："胡适也活不了多久了！"这样这幅油画像才有礼无让地挂了出去。这可能是今日海外唯一的一张挂出来的胡适油画像了。

总之胡先生对他母校哥伦比亚大学的情意是深厚的。他自觉是老辈，是哥大的父兄。对这个大家庭的兴衰荣辱，他是有直接关系和责任的。所以任何破铜烂铁，他如果能替哥大争一份，他都要替哥大争一份。期许之深，推爱之切，足令旁观者感动。

但是胡适之这个一厢情愿的哥伦比亚大家庭，究竟有多少"子侄"呢？碧眼黄须的朋友们，老实说，向来没有把胡适看成广义的哥伦比亚大学的成员。因而胡氏的精神大家庭中的"子侄"辈只是我们两三员华裔研究生罢了。他老人家爱屋及乌，所以对我们亦推爱甚挚，期许甚殷。他既视吾人为子弟，我们也敬他如父兄，在这个绝情寡义的洋人社会里，我们这两代来自中国的知识分子，涸辙之鲋，相濡以沫，友谊之形成，也就是很自然的了。

四

胡先生那时在纽约的生活是相当清苦的。当然清苦的也不只他一人。在那成筐成篓的"显要"中，大凡过去自持比较廉洁的，这时的生活都相当的窘困。陈立夫先生那时便在纽约郊区开设个小农场，以出售鸡蛋和辣酱为生。笔者一次随友趋谒，便曾随立夫先生之后，着胶靴、戴手套、持筐篮、入鸡笼，奋勇与众母鸡大娘搏斗而抢夺其蛋的。

适之先生夫妇，年高多病，缚鸡无力，自然更是坐吃山空。他的经济情况和他的健康情况一样，显然已渐入绝境。人怕老来穷，他的有限的储蓄和少许的养老金，断难填补他那流亡寓公生活的无底深渊。早晚一场大病的支出，他转眼就可以变成赤贫！长此下去，将伊于胡底？！

胡先生是一位有深厚修养的哲人，是一位"不可救药的乐观主义者"。但是他面对晚年生活的现实，有时也难免流露出他发自内心的郁结。他不只一次地告诫我："年轻时要注意多留点积蓄！"语意诚挚动人，声调亦不无凄凉叹息之音。

这些话，我后来才体验到，胡先生只能向我说。他对他的同辈友好，过往宾客，乃至和他很接近的另一位哥大研究生王纪五（王世杰先生的儿子），他也不便说。因为胡先生是位头巾气极重的旧式书生，对个人操守，一丝不苟。他怕一旦传出去，发生政治上的反应，反而不好。但是硬拖下去，终究也不是解决之道啊。

不特此也。他老夫妇二人在纽约，连日常生活的安全保障都有问题。他们所住的是大使级的住宅区，但是他那所破烂的公寓，却没有大使级的防盗设备。在这盗匪如毛的纽约市，二老幽居，真是插标卖首！

一次胡先生外出，胡太太一人正在厨房烧饭，一个彪形大汉的窃贼，忽然自防火楼梯，破窗而入。幸好胡老太太没有学会一般美国女人临危时的尖叫，她老人家只是下意识地走向公寓大门，把门打开，反身对那悍贼，大叫一声"Go！"真是积善之家，必有余庆，那位大黑贼，看了胡老太太一眼，真的从门口"GO"了。她老太太把门关好，又径地回厨房烧菜去了。

这次幸好胡先生不在家。如果胡先生在家，无意中一声叫喊，其后果也就不堪设想了。

那时胡伯母在纽约打起麻将来是日以继夜的。胡先生不但没有阻止她而且有时也加入作战。原因是：一位中国老太太困居纽约，言语不通，又无人经常代为开车访友，麻将实在是唯一的消遣。再者，纽约中国知识分子的牌局是向不"抽头"的，所以不会四家皆输。加以胡老太太技术高，手气好，几乎每战皆捷，对胡先生来说，也不构成经济负担。还有一个重要的副作用，便是公寓里常有麻将客出出进进也可使强盗小偷望而却步也。

所以在那一段五十年代的岁月里，我们这一些随胡适之跑来跑去的比较年轻的中国知识分子，都没有把胡先生看成高不可攀的大学者或名流显要。我们所认识的胡适之只是一位身居异域、风烛残年的老前辈！

记得有一次老友杨龙章向胡先生请教"生命的意义"。胡先生说："生命的意义就是从生命的这一阶段看生命的次一阶段的发展！"那时我们看胡先生生命的那一阶段到次一阶段的"发展"也不会太大了。他只是一位无止境地漂流海外，和我们一起同舟共济的老乘客，一旦浪打船翻，他势将灭顶，灭得比我们更惨！面对着他那副慈祥而天真的笑容，我们对他老人家的怜悯与同情之感，实远甚于尊崇与学习之心。有一件事是肯定的，他们那一辈知识分子的老路，在那时我们的心目中决然是走不成，也不应再走的了。

那时韩战正急，美国二次大战后不景气的经济，也在炮声里复苏了。为阻止美国训练的中国青年回大陆，美国各行职业之门也稍稍开放，好让他们谋生。有高度训练的中国工程师们，逐渐地也可画图为活。为生存所迫，那些有魄力的文法科同学，便也把莎士比亚、孟德斯鸠等一脚踢开。以前种种譬如昨日死，看定新目标："万元存款，白女为妻！"一切从头来起。因而七十年代里，很多颇有名气的华裔工程师和医师，当年却是学有专长的政法人才。如今他们丢下工程道具和医学仪器，仍可写出些响当当的政论文章来。

为着最低限度的生存，笔者当时也是改行有心，而无魄力认真执行的少数弱者之一。我那时还在哥大有气无力地继续读我的美国史博士学位。这是个最吃力不讨好的傻事。读到读不到，不用说我毫无把握；读到了，又干啥？我自己也不能解答。"读书"这个行为，事实上只是"不读书又干啥？"这个问题，自我解嘲的答案而已。

适之先生那时是师友中唯一劝我"不问收获"读下去的人，但我把他老人家的劝告，全然当作耳边风。我之所以读下去的道理，实是个性优柔寡断的结果，拿不出勇气，把这块鸡肋丢掉。既无决断，那就变成漫无目标的"拖"了。日子"拖"久了，檐溜穿石，糊里糊涂也就读完了，时代也变了。在原来无心参加的洋科举里，忽然混了个洋功名；居然又靠这洋功名穿衣吃饭，一切一切，均非始料所及。在一个惊涛骇浪的时代里，一个懦夫，随俗浮沉，身不由己，最后还是走上胡适之先生教书吃饭的老路，岂命也夫？！

五

当我们在胡先生公寓里出出进进之时，虽然我们是毫无求于胡适之这位"国大代表"；但是胡家这两位老人，有时反而少不了我们。因为我们人高马大，必要时也可呼啸成群，不特能使胡公馆添加些备盗防偷的气氛，我们还有打工用的旧汽车可以载他二老在纽约市上横冲直撞。这些都是资本主义社会里，雇不起佣人的老年人生活之必需。胡先生一九五八年春返台前夕，他那几千本书籍便是我和台湾新来的杨日旭二人替他夤夜装箱的。年后胡伯母返台时，她老人家坚持要把她那张又笨又重、破烂不堪的旧床，运回台湾，因为床虽破而老人已睡成习惯，调换不易。那项搬运工作，也是由王纪五和我二人执行的。纪五租了部大卡车，他做司机，我做搬夫，才浩浩荡荡地把那张破床从纽约市运到新泽西州码头上船的。

老实说，那时我们这批所谓"胡适的小朋友们"之所以不惮烦而乐为之使的原因，实在是基于对一位和祥的老辈之敬爱与同情。他是胡适，我们如此；他不是胡适，我们还是如此。

胡先生是一位十分可爱的老人家。他不是官僚，他更不会摆出什么大师或学者的姿态来装腔作势。他也没有"荷兰大叔"的怪脾气。他和普通人一样地有喜有怒，其喜怒的对象也不一定正确。一个人喜怒的对象如果太正确，那这个人一定不近人情，而胡先生却是最近人情的"人"。

胡适不是什么超人，更不是什么完人或圣人。这"人"字上面的一些形容词，原都是一批道学先生或性好阿谀的文人杜撰出来的。慈禧太后一个老太婆就占用了十六个字。胡适的伟大，就伟大在他的不伟大。他的真正的过人之处——至少是我这个后辈的看法——是他对上对下从不阿谀。他说话是有高度技巧的，但是在高度技巧的范围内，他是有啥说啥！通常一个有高度清望的人，对上不阿谀易，对下不阿谀难，而胡氏却能两面做到。

胡氏的一喜一怒，也确是他的真情的流露。但是十分真诚的人，往往流于迂、傻、笨或蠢，而胡先生却是有高度智慧的真诚。他的极高度聪明的先天禀赋里，是没有迂、傻、笨、蠢的丝毫踪迹的。

胡先生另一种难能可贵之处，是他毫无道学气味。他可以毫不客气地指导人家如何做学问，他有时也疾言厉色地教训人家如何处世为人。但是他从无"程门立雪"的那一派臭道学气味，被他大教训一顿，有时受教者往往还觉得满室生春，心旷神怡。这就是胡适之的本事，别人是绝对学不到的！

记得有一次我开车去接他，但是电话内我们未说清楚，他等错了街口。最后我总算把他找到了。可是当我在车内已看到他、他还未看到我之时，他在街上东张西望的样子，真是"惶惶如丧家之犬"！等到他看到我的车子时，那份喜悦之情，真像三岁孩子一样的天真。

这一小遭遇使我想到司马迁形容孔子迷路的故事。孔子适郑与弟子相失，一个人彷徨于东门大街之上。子贡忙着去找他，听到街上人说东门大街上有个怪老头的观光客，"其颡似尧，其项类皋陶，其肩类子产，然自腰以下不及禹三寸，累累如丧家之狗！"当子贡找到了孔老师之后，以街上人所说的话据实告之。孔子听了大为高兴说，街上人说他容貌像尧、像皋陶、像子产……那倒未必，但是说他像"丧家之狗"，倒真是"然哉！然哉！"

原来孔子也是和胡适一样的一位活生生的老教授，可是两千年来却被那些腐儒和政客糟蹋得不成样子。且看《史记集解》里所引的那个冬烘王肃的话。王国舅说："丧家之狗，主人哀荒，不见饮食，故累累然而不得意。孔子生于乱世，道不得行，故累累然不得志之貌也。"这真是一派胡言！也是对我们孔圣人的莫大侮辱。他把我们这位有血有肉的老教授孔仲尼，形容成一个泥塑木雕的假道学。难道我在纽约市上看到的"累累如丧家之狗"的胡适，也是因为"生于乱世，道不得行"才显出那副狼狈的样子吗?

老实说,两千年来儒教在我们中国的发展与耶教在欧洲的发展实有异曲同工之处。两家的原始教义都是活生生的大众哲学,但是两千年来却被无数的乡愿、学究和家天下的封建帝王和他们的臣仆们涂抹得面目全非。试看那些锦衣玉食、高冠厚履、黄金手杖、宝石戒指,所谓教皇、主教等那副样子,如果赤脚放羊的耶稣真的复活了,目睹这种怪现象,岂不要活活气死?

胡适之先生的可爱,就是他没有那副卫道的死样子。但是他的为人处世,真是内圣外王地承继了孔孟价值的最高标准。丢开"开来"不谈,专就"继往"来说,胡先生倒真是个归真返璞,复兴文艺,"为往圣继绝学"的"孔孟之徒"!

▼

"不要儿子，儿子来了"的政治
——回忆胡适之先生与口述历史之二

六

胡适之先生既然基本上是一位恂恂儒雅、有为有守的白面书生，他是不能搞政治的，因为他缺乏搞中国政治主观和客观的一切条件。

在主观条件上胡先生所缺乏的是：他没有大政治家的肩膀、中上级官僚的脸皮和政客或外交家的手腕，他甚至也没有足够做政论家的眼光！

做个大政治家，在主观条件上像胡先生所具有的那种"信道不移"的精神，只是最起码的条件。更重要的是还要有铁一般的肩膀，如此他才能顶住政治上的惊涛骇浪，泰山崩于前而色不变地负荷起天降大任，然后任劳任怨，为国为民，死而后已。但是在胡先生的个性上是没有这种担当和魄力的。

有一次我问李宗仁先生对胡先生的看法，李说："适之先生，爱惜羽毛。"吾人如不以人废言，则这四个字倒是对胡先生很恰当的评语。胡先生在盛名之下是十分"爱惜羽毛"的。爱惜羽毛就必然畏首畏尾；畏首畏尾的白面书生，则生也不能五鼎食，死也不够资格受五鼎烹，那还能做什么大政治家呢？

胡先生也没有做官僚的脸皮。民国以后有清望的学者们下海从政是需要相当脸皮的，因为这些名学者出山之前，一个个都是以帝王之师自命的，认为"吾曹不出，如苍生何？！"这样才应征辟，乘安车，入朝为官的。但是官场亦另有官场的一套啊！一旦做了官，这批高人隐士，对上就不得不搞逢迎，对中层就不得不结党羽，对下也难免不作威作福。本来，官场中这些恶习和陋规，也不算什么天大的坏事，因为那本是我国两千年来，自上而下的单线官僚体系中的必然现象，同时也是讲求传统政治效能不可或缺的朝仪和官箴。我国古代的政治家有见及此，乃因势利导，干脆把他们制度化起来，以礼节之，使其发而中节。

民国肇建，这些原也是煞费苦心的制度，被目为封建残余，通盘废除。但是制造这些陋规和恶习的单线官僚体系，反因科学之废除而变本加厉地单线化。因而那些原先尚有些制度性的东西，至此反变成无原则和规章可循的官僚主义，俗语所谓上拍下压。

三十年代的初中期，适之先生的朋友们，一个个脱青衫、换红袍，都当起官僚来了。初入官场做学徒，有时还有点脸红，出师之后，就乐此不疲了。"乍回迹以心染，或先贞而后黩！"试问"独立评论社"这个山洞出身的"干员"和"能吏"，有几个是例外的？

胡适之先生本人，倒的确是个例外。他老人家虽然也曾下海，他却仍能保持了他的清誉，而没有沦为官僚。"看他风里尽低昂，这样腰肢我没有！"最大的原因，就是他缺少那种"终始参差，苍黄反复"的脸皮！所以胡先生纵想做官，也只能做个"泛舟于赤壁之下"，吟风弄月的闲太守，做个太平盛世的点缀罢了。

不特此也。胡氏纵有心为国为民，真想当一员"循吏"，他也办不到。他不特对自己的私交好友，抹不下脸皮，他甚至不是个搞行政管理的干才。像胡先生那样温情主义极重的人，他怎能搞"内举不避亲，外举不避怨"呢？以他的盛名卵翼了一点小小"庚款"的管理权，已经被梅贻琦先生等所包围，而弄到"跳进黄河洗不清"的程度，遑论其他？当胡先生的令名为"庚款问题"的流言所累之时，笔者在一个偶然场合之下，问了问顾维钧先生的意见。顾先生说："胡先生一定不知道其中复杂的问题。"其实胡先生何尝不知？他只是门户之见在作祟，拉不下脸皮去约束那些捧他的老朋友们罢了。

再者，一位学者如变成了"政客"，他就必然有"政敌"。如果政敌一旦背信弃义，那么兵来将挡，大家耍起政治手腕来，他自己的道德也就顾不得许多了。胡适之先生是位老实人，一般政客的手腕他不屑于耍。事实上，以胡氏的禀赋，他纵想要耍，也无此大才；勉强一试，他也耍不到令人拍案叫绝的程度。这儿笔者不是说，胡适之是怎样的一个大大好人。坦白地说，胡先生也并不就那样老实，不过他始终没有不老实到做政客的程度罢了。"不怕不识货，只怕货比货！"以胡适来遍比时贤，则"山高水长"，先生的风范，也就是百年难一遇的了！

七

胡先生不但不会耍那些他所不应该耍的政治手腕，纵使是那些正当的——有时也是应该的——政治手腕，如外交使节，为着母国利益而在驻在国的政潮中，投机取巧的活动，亦非胡氏之所长。他做大使时每向友好倾吐他那一番"行万里路，讲百次演"的苦差事。胡先生后来亦常向笔者提到。其实那种"苦差事"，如行之者为"胡适教授"，政府对这种成绩斐然的国民外交，自然要传令嘉奖。——如行之者为"胡适大使"，那政府就应把他撤职才对。胡先生故乡的农民就有一句土话说："捞鱼摸虾，耽误庄稼！"胡氏身为中国抗战期中的驻美大使，好多外交上重要的"庄稼"他丢下不做，而拼命去"捞鱼摸虾"，岂不该撤职？

幸好胡先生是个福人，在他做大使期中，正是美国孤立派最嚣张之时。胡氏在华盛顿的"庄稼"也不会太多。所以他和当年十四条失败后的威尔逊总统一样，在华府"道不得行"，乃直接诉诸美国人民，因而他的捞鱼摸虾的外交，也就功不可没了。

可是一旦珍珠港事件爆发，中美成为正式盟友，并肩作战，为着扭转盟邦外交上的"重欧轻亚"的策略；为着与英苏等国争抢"租借法案"里的美援物资，为着促使美国国会通过更多的亲华立法，那样，华府内的庄稼就忙不胜忙了。你不要外交手腕——甚至迹近下流的外交手腕，那你的母国，立刻就要吃眼前亏，因而这位不习于耍手腕的学者大使就丢官了。

有一次我告诉胡先生一件趣事：那便是一位反战的史学家也是前哥大名教授的查理·毕尔在他的名著《罗斯福总统与大战之序幕》一书中，竟把胡适说成日军偷袭珍珠港的罪魁祸首。毕尔大意是说美日之战本来是可以避免的，而罗氏为着维护美国资本家在亚洲的利益，不幸地上了那位颇为干练的中国大使胡适的圈套，才惹起日军前来偷袭的[1]。

胡先生听了这故事大为高兴。他连忙要我把这本书借来，并在对他"不虞之誉"的那一段下面，划了一道道的红线。但是当我问他当年究竟是耍了些什么圈套终于使罗斯福总统上钩的，他想来想去无法对我的问题作圆满的交代。其实毕尔先生的那一顶帽子，实在是对我们胡老师的"求全之毁"。我们这位"言忠信，行笃敬"的学者大使，哪里会玩什么了不起的外交圈套呢？罗斯福何等滑头！我们的胡先生哪有这样的本领来请他入瓮啊！

总之胡先生天生是个"教书料"。大学的讲堂和图书馆才是他最感到乐趣和最该去的地方，官僚衙门里本是没有他的份的。事实上早年的胡适之也是最反对搞政治的。他认为他和陈独秀的基本区别也在此。陈独秀和当年的"新文化运动"，在胡适看来，都是"政治"的牺牲品。胡先生是反对五四运动的。他认为"新文化运动"的"夭折"，便是五四运动把它政治化了的结果。胡氏显然不了解，文化运动和政治运动，本来就是一个铜元的两面，二者是分不开的。

事实上胡适之这位大文化人之与政治，情形也是相同的。在他的四十年不衰的盛名之下，政治终于变成胡适的儿子，弄成个"不要儿子，儿子来了"的局面。晚年的胡适之真是"爱其少子，甚于妇人"！他对搞政治的兴趣，确是老而弥笃的。

"国府行宪"之初，胡先生真有可能要做"总统"了。但他终于做不成。主观的条件之外，他还缺少搞政治最起码的客观条件——与执政党实力派的历史渊源。胡氏做了一辈子政治票友。他对执政党的诤言固多，闲话也不少。如今无功受禄，以票友登台来领导科班，揆诸情理，岂可谓平？"你们国民党反对我！"难道还有什么不应该的吗？胡先生是聪明的，他自知可以做"总统"而不能做"行政院长"。读历史的人，读到胡适婉却做"阁揆"这一段，真也要松口气，胡适之如做了"行政院长"，岂不天下大乱？！

八

或者有人要说，胡适做个政论家，应该是没话说的罢！的确，"谈"政治原是胡先生的最大嗜好。笔者在纽约出入绛帐的时间也不算太短。平时就很少听到胡先生和他同辈的朋友或访客们谈过多少学问。他们所谈所论的几乎全是政治，而且多半是鸡毛蒜皮的政治。学问似乎只是他老人家教导后辈的东西。

其实胡先生的政治言论在理论上和实际上都是相当空泛的。甚至是一些没有经过"小心求证"的"大胆假设"！所以从方法学上说，他那种"有疑处不疑"的政论，正是他"无征不信"的治学方法的反面。所以胡适在中国民主政治发展史上的贡献，与其说是他的学术"理论"和政治"行为"，倒不如说是他笃信自由主义的"身教"和崇尚民主政治的"形象"！国人一提到"民主、自由"，立刻就会联想到"胡适"。胡适那一脸天真的笑容，似乎也就是民主法治、四大自由——尤其是"无恐怖自由"——的象征。而崇尚独裁专政的人们，一闻胡适之名，也就忸怩怯步；一碰到他的"反动言论"和"毒素思想"，也恍如接触原子辐射尘，逃避唯恐不及，封锁唯恐不周！死诸葛吓走生仲达，他羽扇一摇，真是"片语能倾百万师"！好不壮哉！

胡适之就真有这么人的魔力吗？非也。他只是个近代中国的"时势"和勤劳伟大的老百姓所制造出来的，文化交递时代里学术思想上的"英雄"。适之先生常常勉励后辈说：有一分热，发一分光；只要耕耘，必有收获。他强调"社会对一个人的报酬，实远大于这个人对社会的贡献"！司马迁那个刑余之人，就不相信这句话，说："傥所谓天道，是邪？非邪？"但是胡适之这个乐观主义者，对"天道"的公正，倒是笃信不移的。

社会对胡适的报酬既然远大于胡适对于社会的贡献，则社会对胡适的需要，将不因胡氏之死而结束。他的真正的影响力，现在可能还没有完全发挥。等到全中国人民"衣食足，礼义兴"，从而憧憬"人权"的时候，胡适的幽灵，恐怕又要大叫"还我头来"，而开始在云端"显圣"了。

所以从主观条件上看，就事论事，胡氏在中国民主政治发展史上，那种自由神像式的崇高地位，他本身是不足以当之的。但是四周环顾，学术思想界芸芸众生之中，胡适而外，又谁能当之？就凭这一点，适之！适之！也就足垂不朽了！

九

胡适之对中国政治的影响既然是广泛的、深远的、间接的和无形的，他自己在政治上赤膊上阵，拼起老命来，就一无是处了。大的政治运动他既鼓吹不起，小的政治改革他也策动不来。以他老人家一言九鼎的身份，不合时势、不洽身份地一吹一策，就可能把天下搞得更乱，而使民主退潮。因为讨论大政治——像国体一类的问题——则论者必须有像孙中山先生所说的"高深的学问"。可是胡先生在这方面的"学问"，却不太"高深"。（这儿笔者所着重的当然是胡适之那一阶层的"学问"，自郐以下，那自然又当别论。）

讨论小政治——如张季鸾、王芸生一伙人在《大公报》上所谈的"小骂大帮忙"的政治，则论者必定要对政情民隐有极深刻的体验和观察，然后下笔才能入木三分。胡氏成名太早，二十几岁的小伙子，便已名满全国，飞向枝头做凤凰了，他是不了解真正民间疾苦和里巷舆情的。像抗战期间《大公报》上，那种"看重庆、念中原"，感人肺腑，一字一泪的社论，胡适之是一辈子也未写过的。不是他无此才华，而是他无此体验！

胡适之——不成问题的——是近代中国最伟大的学者。但是伟大的学者们也有很多是一通百不通的。把物理研究到登峰造极的学者，对人理不一定也就同样精通。相反的，伟大的"通儒"们，有的也是百通一不通的，他们可能倒背"十通"，但是对应有的一通之学，有时反而一窍不通。

在这方面胡适倒的确是个例外。他真是个百通一通的大才。不过一个人的精力究竟有限。在胡氏无所不通的学问里，有许多方面在专业人士看来，只不过是各该专业范围内相当高度的常识罢了。而胡先生亲手

"拿绣花针"的专业——如他中年所搞的"禅宗",晚年所搞的《水经注》——则又与政治科学无关。因而胡先生谈起大的政治问题来,事实上是以常识论政。"国体"和"组党"一类的问题,又岂是常识可以应付得了的?

早年的胡适之和李大钊诸先生有关"问题与主义"的辩论,其关键亦在此。他们辩者双方事实上都是以小常识谈大问题,要不是那时是个"启蒙时代",这批大教授的夸夸之谈,实在是贻笑方家的!

胡先生那时"少谈些主义"的论调一出,对方抓住这个小辫子,很快就给他戴上一顶帽子,说他是个"实验主义者"。加以那时杜威大师的法驾初临中国,黄面皮的弟子们执礼甚恭,师徒相映,站在大师背后的胡适就真的成为杜学东传的一世祖了。

后来那对"实验主义"一无所知的鲁迅和瞿秋白,被实验师徒吓得手足无措,而内心又醋意盎然,因此说出些"此理今凭实验传"一类完全不通的酸话。而他们居然也能以这种不通之论,"咒骂"胡适,领导文化反对派而扬名天下,这也可想见我国当年知识界,对现代知识之贫乏!

最可惜的当然还是胡先生自己。这位风度翩翩,"中西之学俱粹"的少年学者,被扣上这顶洋帽子,不但不以为忤,有时且面有喜色,并且一戴就戴了一辈子,也是同样不可思议的。试问"实验"这个"主义者"所戴的白帽子,哪里就比"马克思"那个"主义者"所戴的红帽子更漂亮呢?市井少年偶一戴之,再配上黑眼镜、力士鞋、牛仔裤,招摇过市,或不失为风流潇洒。如果我们的"文艺复兴之父"在一袭八卦道袍之上,也加上这顶网球帽,那就有点不伦不类了。

按说,杜威东来之时,我们的胡先生应该把傅斯年、罗家伦、段锡朋等众儿郎唤齐,两班侍立,自己升帐设座,"口吟六艺之文,手披百家之编"，人分宾主，学辨东西，和杜威来个分庭抗礼，才是正轨。而胡氏不此之图，在杜行者一苇渡江之后，竟然率众弟子，夹道匍匐，顶礼膜拜，使杜和尚飘飘然，认为孺子可敬，吾道东矣。何其懦哉！

胡先生既然甘心自囿于一家之学，如此非杨即墨，难免也就助长了他情感里本已十分浓厚的门户之见。杜家的子弟们，认为只有杜氏之学才是科学化的哲学，所以他们是三句不离科学的。据胡先生告诉我，中央研究院在筹办之初，筹备人等第一个想列的便是该院那个拉丁文名字Academia Sinica。这个洋名字的正确译文应该是"中央科学研究院"。它"研究"的方向和对学术衡量的标准，亦以"科学"为依归，而"科学"一词的界说，当然也就凭服膺科学的欧美留学生的举手为断。所以后来胡氏在纽约请客，那些"服膺科学"的客人，便相率"敬陪"，那不"服膺科学"的国故大师，也就怫然"敬谢"了。

胡先生由于牢固的科学观而示人以不广，他在中国新文化启蒙运动史中，就难免退处于蔡元培先生之下了。在"兼容并包"的启蒙学风里，孑民先生是置身于"兼容"之上的，而适之先生则局处于"并包"之下了。

"实验主义"究竟是个什么东西？为什么我们这样有才学的胡适，也被它"牵着鼻子"走了一辈子而不能脱缰而驰呢？

其实"实验主义"和"辩证明唯物主义"在西洋哲学史上的地位是没有太大的轩轾的。杜威和马克思这两位开山大师，年龄虽然相差四十岁，他二人的思想却是属于同一个时代的。他二人都生在那个玄学将死未死，科学（尤其是社会科学）方兴未兴的时代里。这个时代的思想家，一面舍不得放弃他们所精通的玄学——如马克思就接受了黑格尔的"辩证法"；一方面又要掌握那方兴未艾的社会科学——如马克思就极力推崇美国人类学家摩根对印第安人社会结构的研究。此书马氏以年老不能卒读为憾〔2〕。

所以他们那个时代所搞的哲学，事实上是一种非科非玄的学问。也是一种小脚放大、两代咸宜而新旧两无是处的半老徐娘过渡时期的学问。

马克思是欧洲人。他目击西欧在工业革命时期社会上所起的变化，因而他把两千年来欧洲白种人所创造的社会变迁史，作了一个有十分功力的总结，然后从其总结里抽出一个他认为合乎宇宙"实在"演变的法则。

有一次我指着那七八本批判胡适的巨著，戏问胡先生："这几十万字的巨著里，难道就没有一点学问和真理？！"

"没有学术自由，哪里谈得到学问？"胡氏一语带过。

"那至少也可搞点自然科学。"我说。

"自然科学也搞不好！"胡先生说这句话时的态度，简直有点横蛮，同时也可看出他对自由主义信道之笃！

胡先生后来又在他那个乱书堆中找出罗尔纲所写的小册子《师门辱教记》〔3〕给我看说："你看尔纲会那样地批判我？"

"说不定罗尔纲的思想真正搞通了呢！"

"胡说！胡说！"胡先生直摇头，"不可能！不可能！"

胡适之是真的相信"为着自由故，一切皆可抛"。他与那些把"自由、民主"喊得震天价响的所谓"民主人士"是不可同日而语的！

胡适相信比他大三十四岁的杜威。杜威能容忍，容忍比自由更重要。但是我们这位胡老师的老师，又是怎么回事呢？

杜威比马克思小四十岁。他和马克思一样，把北美洲两百年来政治、社会、经济和文化发展和变迁的史实，作了个总结（虽然他没有写出一部《资本论》），然后再根据他在玄学和粗浅的科学上双重的训练，从这总结里抽出个法则，再以这半科学的法则，来推断北美洲白人社会今后社会文化发展的方向和原则。

杜威是不承认人类社会生活的演变是依照什么"客观实在"而发展的。所谓"实在"也者——引用他大弟子胡适的一句话——"只是个百依百顺的女孩子！"哲学家要把她如何打扮，她就如何打扮。如果这个女孩子就是"道"，则"人能弘道，非道弘人"。

人类社会进化既然没有个"客观实在"来做其主宰，则人类进化程序中所发生的只是一系列无从逆料的"问题"，以历史的"经验"和"实验"的"方法"来解决不断发生的"问题"——再引用胡适的一句话："从事一点一滴的改革。"——才是人类社会进化最正当的途径。

这便是有名的杜威"机会主义"（opportunism）和"实用主义"（pragmatism）【4】。所以杜威先生是反对"革命"的。

杜威何以有这种"反革命"的哲学呢？那就是杜威也有杜威的"反革命"的文化传统。在那个传统里，杜威如不接触其他不同的传统，他是跳不开的。

杜威和马克思不同。马氏是个在严格的阶级社会里长大，阶级观念牢不可破。杜威则是个宇宙任翱翔，无拘无束，而世故圆通的洋基（Yankee）小滑头。洋基的祖先们原多为受流刑的暴徒和为追求个人自由、冒险犯难远涉重洋的逋逃。他们是没有丝毫阶级观念的，更不相信任何权威。加以渡海之后向"西部"探险，千里无垠，匹马单枪，那些半工、半农、半兵、半匪的亡命之徒，肯让哪个"权威"来"牵着鼻子走"呢？但是在重洋之外，深山大泽之中，为着枪打红人、鞭笞黑人、驱逐黄人、开疆土、兴农牧，自做边陲之主，他们又不能不合作。自然合作大家好，那这些白色逋逃之间就不得不"容忍"彼此的"自由"！

英语民族本来即有较为开明合作的政治传统。传统与创造相结合，才铸造出美国后来的——也是她得天独厚的自然环境所特许的——极端的"个人主义"（胡适之美其名曰"健康的个人主义"）和"民主的生活方式"。杜威曰，何谓民主？民主是一种生活方式！弟子齐声应曰，信然！

同时，为应付随时发生的政治上、社会上一切的问题，天高上帝远，这些殖民客也只有自求多福，从事一点一滴的改革，随时自力更生，就地解决。这原是他们的"经验"，后来也就变成杜大师的"主义"。

再者，在极端个人主义支配之下，个体间生存竞争之激烈是可以想象的。所以白种美国佬之间一旦发生利害冲突，彼此之间是寸步不让的。互不相让之下，则亲兄弟明算账，虽近如父子夫妇，也得法庭相见。所以白种美国公民是好讼成性的。他们一百个成人之间，有一个必然是律师！在这个讼棍如毛的社会里，要没有绝对尊严的"法治"，那还了得？

事实上这些都是杜威哲学的精义之所在。但是这些精义都不是天上掉下来的，也不是杜威大师面壁默坐向空虚构的，那是美国历史发展经验的概念化（conceptualization）。所以吾人如不能掌握这种美国历史经验主义中所产生的白人的"辟疆主义"（frontierism，这儿笔者冠以"白人"二字，因为这个"经验"是与红人、黑人、黄人无关的），则吾人对真正土产的美洲哲学的土壤（经验）便无法了解，不了解"经验主义"（"实验主义"的原名）中所据以产生的"经验"，只是空头传授其法则，希望仍然可以祭东风、烧战船，那就犯了搬弄形而上学来治国用兵的大毛病。事实上，这也是我国启蒙运动中马克思主义者和实验主义者所犯的通病！把工业化的"大跃进"真的当成"烹小鲜"来处理，则国家焉有不糟之理？

所以，就文化背景、学术地位和时代对他的需要而言，则胡博士在思想上的成就，应该与马、杜二博士，三分天下，才算好汉！胡氏的正当工作，应该是在新兴的社会科学的光芒照耀之下，把三千年中国的历史经验作一总结，从而抽出一条新的东方法则来，以成一家之言。然后有系统地引导我们的古老社会走向现代化的将来。胡博士不此之图，而却在马、杜二博士之间，搞"拉一派、打一派"的勾当，那就未免低首下人，自暴自弃了。

一一

胡先生之所以在政治学说上不能自成一家者，实在也有其不得已的苦衷。

胡氏博大精深的学问原来就是个什锦大拼盘。其中训诂辞章、文学流变、先秦思想、释老精义……都可说是无双美味。社会科学原是他那大拼盘中最中看不中吃的一锦。

胡先生告诉我，他在康奈尔读大学本科时，对经济学就没有兴趣，未尝选修有关经济的科目，因而他一辈子对各种经济学说也很少涉猎。这便是他老人家晚年谈政治问题的致命伤。《五四运动史》的作者，老友周策纵对胡氏的批评，也就着重在这一点。一个学者如对新兴的经济学基本的概念也不清楚，那他对现代的政治问题本来也就无置喙余地！

不特此也。胡氏对他成名以后才逐渐发展的其他多种社会科学和行为科学，如社会学、心理学、人类学、社会史学等等，也未尝钻研。如笔者老友杨龙章今日所搞的所谓"群体社会学"（mass sociology），真是胡先生连名词都未听说过。因而随工业革命而起的名目繁多的社会问题和种族问题——有远见的孙中山先生一八九六年在伦敦脱险后已见其征兆，而一九五〇年在纽约的胡适之先生仍未感觉其严重性，而只醉心于工业革命前期的桀荇生和科玄交替时代的杜威那一套，那就未免与工业化后期的世界现势脱节了。

工业经济所带来的社会问题真是多来兮！如果哲学家们置这些问题于不顾，而奢谈明心见性的教育，那就开倒车回走三百年去搞程朱陆王了。阳明山高已成哉！但是那位龙场驿丞却不能解决大纽约断电期间的三千五百件抢案！

所以胡适之先生对中国民主政治的发展，虽然生死以之，他却始终没有搞出一套完整的理论来。不是他无此才华，而是他在社会科学上无此功力！没有一套完整的理论来对近百年——乃至三千年——的中国政治经济的演变作一通盘的了解，而只是"头痛医头，脚痛医脚"地去搞"一点一滴的改革"，那就必然要"扶得东来西又倒"。良相与良医所服膺的原则原是一样的，医人医国首先都得把病理搞清楚，否则药石乱投，压低了高血压，又激起了肝脏炎，那病就害不完了。

再者杜威先生也不是不谈主义。他的主义就是"美国主义"（Americanism）。他没有提这个字，因为他视为当然，不谈主义而主义在其中矣。哥大后期的名教授也是胡先生甚为心折的芮文斯（Allan Nevins）和康马杰（Henry Steele Commager）都是属于这一派的。在五十年代里康马杰的学说在北美洲真是风靡一时。笔者亦尝随许多美国世家子之后，在康老师课堂上肃立鼓掌数分钟。胡先生对这位后辈，读其书而慕其人，真是推崇备至。可是在六十年代中期，我们这位康老师就渐渐地变成美国的叶德辉了。那些新起的长发青年学者，开始对美国文明自我清算，打倒杜家店，在新的学风里，杜威之学也就显得灰溜溜的了。

一九六八年春天的一个上午，哥大校园内忽然一声呐喊，笔者凭窗俯视，只见对面校长室内，长发乱飘。校长室被霸占了，校园内人声嘈杂，鸡蛋横飞，一个五四运动正在热烈地进行。再看原杜威研究室前那个大光屁股铜人，却仍然丝毫不动地在俯首沉思。这是胡先生当年与笔者，时常对坐长谈杜威的纳凉胜地。我心想此时适之先生如仍然坐在此地，不知道他对这一学潮作何解释？！

笔者这些妄论，当然只是责备于贤者。因为有适之先生那样历史地位的人，他如果要谈政治，就要谈深远的根本问题；就要谈孙文、马克思、杜威那一阶层的政治。他的见解和学说，岂可与我辈乡愿茶余酒后的龙门阵，等量齐观？！

当然胡先生除他本人主观的训练上的限度之外，客观上的限制也是不许他扭开杜威之枷锁的主因。老实说，五十年来在科学挑战下的我国各项学术——尤其是行为科学——就始终没有脱离启蒙阶段。这也是我们那些启蒙大师四十年称霸杏坛的道理，因为他们始终没有脱离他们成名的那个时代。他们没有太大的进步，时代也没有太大的进步啊。时代和环境限制了他们的成就；时代和环境也宠坏了他们，没有逼着他们教而后知困，自求上进。因而就永远在科学上不能摆脱洋人而独立了。做了几十年的齐天大圣，说穿了其实只是个癫和尚的保镖！

这种自我限制，实际上原是我国学术界整体的悲哀。形势比人强，个人是跳不出去的。一个大学者的成就，是建立在无数小学者的牺牲之上的。没有那样的土壤就结不出那样的瓜。我们的菜园里既然找不出几个十斤二十斤的冬瓜，要胡适一个人变成个六十五斤的大冬瓜，那就不可能的了。在过去五十年我国落后的学术环境里，能出了个胡适，我们已很足自豪的了！

胡先生有绝顶的天分，也是好学不倦、用功最勤、至死不衰的大学者。五十年代的初期，笔者为应付考试，曾以读杜学的札记和心得向先生请益。胡先生在这方面是极度谦虚的。他一再说他自己还要"补习"！并且在极度困苦的生活条件之下，还拿出一大笔美金要笔者为他选购讨论杜学的名著，并认真地下功夫去阅读。"假我十年以读《易》，仲尼而后更何人？"胡先生的用功与好学，在笔者所接触的前辈学者中，绝对是空前绝后的。以他的用功，配合他的见识，所以政治问题虽然只是他什锦拼盘中最弱的一份，但是他谈起来比那些谈同一问题的党政理论家们还要高明得太多太多了！

一二

胡先生对民主政治的看法，既然难免着重"形似"，他认为民主政治在中国的发展最值得惋惜的便是民国初年的那一段。他觉得那时的北京政府已具备了民主政治的基本结构，而掌握结构的成员，如民初的国会议员，也都是些"了不起的人物"。中国失去那一个大好时机，在胡先生看来，真是国运也夫？！

在五十年代的初期，台湾的问题，在胡氏看来，便是缺少个"反对党"。最好的解决办法，自然是国民党效法华盛顿当年的大陆党，"一分为二"。要不然那就得另外组织一个真正的反对党。他这一主张深得蒋廷黻先生的同意。这两个秀才在纽约因而也就有联合"造反"的意图了。

要组党，则论学历、论资望胡先生应该是当然党魁。但是论精力，论组织才干，则胡氏只够做配角。在一九五二年访台返美之后，蒋氏兴趣方浓而胡氏已兴趣大减，可以说是只说不做了。

有一次我向胡先生说："你就顶个名字做党魁，组党大事让蒋廷黻去干不就得了？"

"那如何使得？"胡先生两眼向我一瞪。"孔子说的'唯名与器，不可以假人！'我自己不干，怎能让人家顶我的名字去干？"随着他又说了些其他方面的"干与不干"的大道理。

我记得我们那时还谈了些有关蒋廷黻的掌故。我偶而提到蒋氏可能是"复兴社"里的要员。

"很有可能，很有可能！"胡先生说当他一九五二年返台蒋公约见之时，他们曾涉及胡蒋二位有意组党之事。"蒋先生说，'请告诉廷黻不要另外组党了，还是回到国民党里来吧！'"

"这'回到'二字里有文章！"胡先生不疑处有疑地向我说，"蒋廷黻未加入过国民党，为什么要'回到'国民党里去呢？"

胡先生怀疑蒋廷黻先生是个力能通天的"蓝衣社"大员。我们并且把《独立评论》找出来"考据"一下蒋廷黻加入"复兴社"的可能年代。

如今当事诸公俱已作古。那些力未通天的"蓝衣社"社史家们也找不到证据来证明蒋氏是否是个"社员"，这件事，可能就永远是民国史上的疑案了。

一三

晚年的胡适之先生不但对空洞的大政治有兴趣，他对空洞的小政治也有兴趣。他在一九五二年访台之后，一直要我们这些学文法科的留学生"替雷儆寰写写文章"，后来儆寰先生辱书征稿，笔者不自量力，也真的替"《自由中国》"写了些不成熟的文章，一直写到雷先生坐牢而后已。

那时胡先生并且鼓励我们在海外自办报刊。在他老人家感召之下，我们一小撮"文法科留学生"真的也就办了个小月刊曰《海外论坛》，在纽约编辑，香港印刷。我们的经费、稿源、发行、销路都没有太大的问题。偶尔一两篇哗众之作也颇能引起读者的共鸣。胡先生对我们这一小刊物的问世，真有欣喜若狂的反应。他居然纡尊降贵地替我们写了一篇相当有分量的文章，讨论那时大陆上刚影印出来的"曹雪芹小像"。胡先生认为那"小像"上的"雪琴先生"不姓曹〔5〕。

胡先生这篇"尾巴摇狗"的文章，竟然引起那坚持"雪寥先生"姓曹的《人民日报》，对我们这个"海外某刊物"里面的"某作家"大加抨击。

"雪琴先生"究竟姓不姓曹呢？今后的"红学家"们对我们那个"海外某刊物"里"某作家"的笔墨官司，恐怕还得继续打下去。"有九分证据不能说十分话！"目前的定论还是下不得的！

《海外论坛》那个小刊物一诞生就患了心脏衰弱。带病延年，拖了三年也就倒下去了。它的垮，不是因为客观条件不足，而是主观的由于出不了中国知识分子搞企业组织所必需的"领袖"。十五位硕士、博士之中，就出不了一位雷儆寰、萧孟能、刘绍唐或胡菊人。他们"轮编"，但不同的意见却"轮编"不掉，所以出了一期"纪念胡适专号"以后就陪胡赞助人一起长眠地下了。

《海外论坛》的关门对社内许多人，包括笔者在内，都有很大的启发。我们这批传统包袱甚重的知识分子，谈大政治，学问不够；谈小政治，体验不足；瞎吹民主、自由，而在民主圣人胡适的赞助之下，在杜威的铜像之前，尚且民主不起来，哪里还有脸皮向同胞说教呢？一念及此汗从颊下，笔者自己也深深自知肤浅，再不敢在报刊上瞎写文章！一搁笔就已二十来年了。

一四

晚年的胡适之不但对动口的小政治有兴趣，他对动手的小政治也有兴趣。

五十年代的中期，台湾、香港两地的政治社会都还算安定，因而中国留学生又继续出国，哥大校园内久已绝代的"中国同学会"又恢复活动。这时出国的同学很多都已是政学两界的中级负责人，他们对政治的兴趣本就是从国内带来的；有高度政治诱惑力的胡公馆，这时也就更形热闹了。他们听过胡适的传教以后，也要来个促进民主政治的小组织。胡先生对他们期望甚大，因为他们都是起而行的少壮派。胡先生并为他们的小团体取了个名字曰"晨社"（Morningside Society）。取名人是三句不离本行的。"晨社"之名是他依据哥大校址所在地的"晨边高"（Morningside heights）而起的。笔者是时虽未尝涉足台湾，但却住在晨边高，所以也应邀参加，并随群贤之后集体到胡家去"请训"。其后做社长的李和生会照相。他曾替胡氏照了一张后来流行相当广的照片。《传记文学》第一六八期第一六页上所刊的那一张便是和生照的。后来许多报刊复印时都误传那是胡先生做大使时的照片。

一九五七年初"晨社"开成立大会时，胡先生"亲临指导"，参加聚餐，并讲了几个钟头有关民主政治的大道理。我个人因所听已多，未终席就溜出会场与一些年轻人一起去哥大参加中国同学会的"春节联欢会"去了。时过午夜，胡先生还一再询问"为什么唐老先生还不回来？"惭愧的是，在衣香鬓影中，我这位"唐老先生"早已把他那位"胡老先生"忘得一干二净了。

此后不久，胡先生又病倒住院了。晨社的李社长通电要率领我们去集体探病。我说人家害的是心脏病，你如何能集体探得？和生又要酿巨资，购大束鲜花送去。我说胡公病房太小，哪里放得了那么多"大束鲜花"！最后我建议他去买一张探病卡片，由我来替他作一首"桑籁体"的十四行打油诗送去。这种"秀才人情"才是那位老秀才之所好！

事隔数日，我碰到那位探病归来的林征祁。征祁告诉我说胡先生病房内的花太多了，后送的都放在走廊上。他又说胡先生看到你们的新诗，大为高兴云云。

下面便是录在我一九五七年二月廿七日日记上的那首打油诗：

慰问胡适之先生

适之先生，
自从你进了病院，
亚洲、美洲、欧洲……
乃至全世界的人，都在
为你祝福，
替你焦心！
但是我们——
"五四"以后才出生的一群，
知道你没有病。
你只遇着了一点小灾星。
因为你，
抵抗力最坚强；
永远站在时代的前面；
和我们一样年轻！

四十年来，
你从葫芦里，
放出了多少小鬼！
这些小鬼，
现在翻说你是妖精！
漫山遍野，看！
他们正在追捕"胡适底幽灵"！
还有，
恭维你的朋友们，
曾替你塑了一尊像，
抬起来到处游行。
不抬着这个像，
躲在后面的朋友，
就立刻要暴露原形！

但是我们——
你学生底学生，
做工、读书，
不声不响的年轻人，
一直在追随着你，
追随你做个"人"！
你不谈主义，不谈革命，
你却创造了一个时代；
又替另一个时代播了种，
我们正在努力耕耘。

胡老师：好好休养！快快出院！
没有你走在前面，
我们真要变成，
三十来岁的"老先生"！

注释

【1】Charles Austin Beard, *President Roosevelt and the Coming of the War*. New Haven:Yale University Press. 1948.p.514

【2】Lewis Henry Morgan, *Houses and House-life of the American Aborigines*, Washington:Government Printing Office, 1881, pp. 281后来恩格斯的《家族、私产和国家的起源》一书，便是根据摩氏的观点发挥的。

【3】罗尔纲著《师门辱教记》，原版于一九四四年由桂林建设书店印刷发行，旋毁于战火。翌年再由重庆独立出版社重印未果。一九五九年始由胡适出资在台北重印，改名《师门五年记》，为非卖品。

【4】笔者曾经把当年和胡先生所讨论过的谈杜威札记大意缩写成一短文曰《实验主义新诠》，载于《海外论坛》月刊，一九六一年二月出版的第二卷，第二期，第五至八页。

【5】胡适著《所谓"曹雪芹小像"的谜》，《海外论坛》月刊，一九六一年一月，第二卷，第一期，第二至四页。

▼

七分传统・三分洋货
——回忆胡适之先生和口述历史之三

一五

关于胡适治学的范围，他自己总喜欢说"哲学"是他的"职业"；"历史"是他的"训练"；"文学"是他的"娱乐"〔1〕。因为他留学期间所学的是哲学，他最初成名的著作也是哲学。所以列"哲学"为百科之首。

但是胡先生为什么只写了半部《中国哲学史大纲》呢？此事说来也不难理解。胡氏治学的态度原是最谨严的。成了大名之后，众目所视，那就使他益发小心。等到他搞中古哲学史时——尤其是佛教史——他不把佛教问题彻底弄清楚，他就不敢动笔。但是把佛教问题"彻底"弄清楚，谈何容易？一个神会和尚已够他忙一辈子！

胡先生治学的态度是和冯友兰、顾颉刚诸先生不同的。冯、顾诸先生是举一反三。有点证据，就先把议论发了再说。冯著《中国哲学史》的第一版就错误百出，到二、三版再慢慢改正。胡氏则不然。第一，他是受了他自己所倡的口号所限制，坚守有论必有据的原则。所以就"无征不信"这一治学规律来说，胡先生绝对是当代第一人。第二，他也是受了他的盛名之累。他出的书第一版就不能有大错。胡适之治学，让人抓住小辫子，那还了得？！所以他不得不特别谨慎。

好多与胡氏很接近的后辈，在这方面都上了他的大当。在他的影响之下，大家不把问题搞清楚，就不敢献丑。但是此事阎王可做，小鬼不能做，也不必做。尤其是所谓"留美学人"，在这个"不出版，就殒灭"（publish or perish），以学问为商品的社会里，读三本书就应该写五本书。祸枣灾梨，那是果树遭殃，与学人何干？所以在美国的科举里，与果树为敌，才是加薪晋级、名重士林的不二法门！

加以现代的学问已与胡适当年不同。以前老一辈学者动辄来一套东西文化及其哲学，现在的学者能搞个"萧红女史"之类也可名利双收。大家各钻其牛角，你不必钻得太深也就足够做个专家了。何必学胡大师去钻《水经注》呢？所以胡适那一套也是害尽苍生，他地下有知真应该饮恨黄泉。

就因为落笔千钧，所以胡先生写起文章来也慢得出奇。他时常告我说："人家都以为我胡适写文章，总是下笔千言，一挥而就。其实我写起文章来是极慢极慢的。"

吴国桢先生有一次告诉我说胡适之一定要回台湾。我问他何所见而云然？吴说："他（指胡氏）告诉我他一篇讲演稿子要写两三个礼拜，他如何能在美国谋生？"吴氏那时在美国是靠讲演为生。他并且告诉我讲演的行情以中等城市最好，因为小城市听众出不起钱，大城市听众见多识广，你不算老几。只有中等城市——如新奥尔良、圣路易斯——那里的听众，又未见过世面，又肯出钱！

胡先生那时也偶尔去"中等城市"讲讲演。但是盛名之下，他不能胡吹。要篇篇讲稿都能传之后世，那他写起来就"极慢，极慢"的了。极慢、极慢，那就不能"谋生"了。

胡先生搞神会和尚永远搞不完也是这个道理。搞不完就拖，一拖二十年，再搞就兴味索然；《中古哲学史》也就出不来了。加以胡氏博学多才，兴趣广泛，生性又好凑热闹，一个题目未完，又赶着去搞另外一个热门。一个接一个，结果一个也搞不完。

胡先生在哥大当学生时就犯了这个大毛病。按理他那时应该规规矩矩搞"哲学"，把个"哲学博士"读完再说。他不此之图却丢下正当"庄稼"不搞，而去和陈独秀、蔡元培"捞鱼摸虾"。捞得热闹了，他就甩下哥大这个烂摊子不要，跑回北大做教授去了。一时声名赫赫，《中国哲学史大纲》第一版的封面上也印出了"胡适博士著"的头衔〔2〕。其实那时他在哥大的注册记录上仍然只是个"博士候选人"或如今日很多人的名片上所用的"待赠博士"（Ph. D. Candidate），离正式学位尚差一大截。胡先生这个"待赠"阶段一直维持了十年。到一九二七年他再到纽约时才携来一百本一九二二年在上海印刷出版的博士论文〔3〕，由杜威玉成，经过补交手续，始由校方正式颁予"哲学博士"学位的。胡氏原先在哥大注册时的英文名字是Suh Hu，拿学位的名字则是Hu Shih，二名分用，在哥大校史上可能也是没有前例的。

一六

本来有胡先生那样成就的学者，博士不博士是无伤大雅的。老实说他那本论文，他在哥大的两位主要论文导师——杜威和夏德（Friedrich Hirth）都是看不懂的。胡氏一个人在中国历史上的地位也足敌哥大一校在美国历史上的地位。一个空头学位，原不值一提。笔者在这篇随笔式的文章里，本也犯不着多废笔墨。只是一般读者茶余酒后或不免要提出作谈助，好事者或不免要据此而乱事推测，所以笔者也就顺便根据史实，约略交代一下，以免流传失真。

为胡先生的学位问题弄出很尴尬场面的第一人是已故哥大东亚图书馆前馆长林顿（Howard P. Linton）先生。林氏为纪念哥大二百周年之校庆，于一九五二年开始编撰一本《哥伦比亚大学有关亚洲研究的博士硕士论文目录》【4】。这本目录包罗万有，独独把"胡适"的"论文""编漏"了。校园内一时传为笑谈。林氏也自认为一件不可恕的大"乌龙"而搔首不得其解。他是根据校方正式记录编纂的，为什么校方的正式记录里没有胡适论文的记录呢？

第二个为这一问题伤脑筋的是袁同礼先生。袁氏在一九六一年出版了一本《中国留美同学博士论文目录》【5】，在他费时十年的编纂期中，袁氏受了无数的意想不到的骚扰。因为有许多"老博士"都是袁先生数十年的老朋友，大家都已"博士"了大半辈子，如今在这本新出的洋进士题名录中，居然录上无名，岂不糟糕？

根据袁氏所收的资料，截至一九六〇年止，哥大授予华人博士学位的人数为全美各校之冠。但是根据哥大所提供的正式名单，则退居第二共二〇三名（伊利诺伊大学第一共二〇四名）。因而在袁氏编纂期中，他交给我一个名单要我在哥大替他帮忙"复查"一下。在这名单中，想不到"胡适"也是问题人物之一！

袁先生分明知道胡先生是哥大一九一七年的博士，为什么哥大提供的正式记录上却晚了十年呢？笔者为替袁公帮忙，并为好奇心所驱使，乃自哥大"校史图书馆"（Columbiana Library）和其他有关部门，以胡适清查虚云老和尚的家世和年龄的办法，把胡适"老和尚"和其他十来位小和尚的度牒案底也彻底清查一遍。结果我替虚云老和尚报了个小仇。我告诉袁先生说胡先生的正式学位记录确是一九二七而非一九一七。其他有关文件我就未向袁氏作不必要的透露了。我知道他处理这一问题相当棘手，因为那时大陆和台湾都以"打胡适"为时髦。袁氏少知道一点真相，反可减少他精神上的压力！这位诚实的迂夫子那时已被类似的问题弄得头焦额烂。如果别人再说袁同礼说的，胡适是个假博士，那袁氏岂不要跳楼？袁先生最后决定把这两个相差十年的年代在他的"目录"上并列，才结束了我二人这段小"考据"。

胡、袁两先生相继谢世之后，那些"胡学"研究员和"待赠博士"们，惑于袁书而向笔者问难。我只告诉他们"一九二七"，未及其他。那位专研"胡学"的哈佛博士格雷德在他的《胡适与中国文艺复兴》〔6〕一书中也就根据我的一句话而照抄无讹，又未注明资料出处。幸好他的论文导师是费正清教授，如果审查员是胡适或区区，他这种无征而信的记载，可能就要使他博士延期了。

一七

大凡一个人的一生总归会有几件"平生憾事"的。如果胡适之先生也有的话，上述小事可能也就是胡先生自认的"平生憾事"之一。当我在替袁先生"复查"之时，礼貌上我是不能向胡先生这位长辈直说的，但是道义上我又非向他报告不可。所以我只有在适当的场合和气氛里，慢慢委婉地向胡先生透露；胡先生也就逐渐地向我说明其中原委。每次向我解释时，他老人家都有点苦笑的表情。他的尴尬的情况，反而使我对他益发尊敬其为人。

须知胡适是我亿万炎黄子孙中，唯一拿了三十二个"博士"学位的真正的大博士〔7〕。他对上述这一小插曲真可有一百种以上的解释而不感到丝毫尴尬。最直截了当的便是那时哥大根本没有看得懂他的论文的导师，所以学位才稽延了〔8〕。这也是百分之百的事实。但是胡先生是个深染于孔孟之教的书生，他没有"好官我自为之"的厚脸皮，所以他就为这宗小憾事而感到尴尬了。

其实"胡适学"里的这个小小学位问题是不难理解的。胡氏在哥大研究院一共只读了两年（一九一五——一九一七）。两年时间连博士学位研读过程中的"规定住校年限"（required residence）都嫌不足，更谈不到通过一层层的考试了。美国所谓"长春藤盟校"领袖学府内，正统的"哲学博士"学位是相当难读的。以创出哥大成绩空前纪录的顾维钧先生，在哥大研究院也读了四年（实修五年）。顾氏的论文也只完成个"导论"。那时因辛亥革命的关系，校方鼓励他"返国服务"才特别通融毕业的，这是哥大校史中一个有名的"例外"。其他华裔名校友如马寅初、蒋梦麟、蒋廷黻、冯友兰、罗隆基、金岳霖等差不多也都是住校四年以上的。所以胡适以两年时间读完是不可能的。胡先生之所以放弃学位而急于回国的原因，实是个熊掌与鱼的选择问题。

胡先生在当学生期间已被陈独秀的《新青年》捧得大红大紫而全国驰名。一九一七年一纸北大聘书就强迫这位留美的"新青年"非在他的前途上作一抉择不可：立刻回北京大学做教授？还是留在纽约做老童生，再熬两年？到那时北大是否仍能等着他，就很难说了。面对这个现实，那时的留学生恐怕任何人都会选择前者。性好热闹的胡适自然更认为机不可失，所以也就卷铺盖回国了。后来事实证明他这一决定是完全正确的。

当年的北京大学——这个挤满了全国鸿儒硕彦的太学，岂可随便插足？以一个乳臭未干的小伙子，标新立异，傲视士林，胡适之多少有点胆怯。"夜行吹口哨"，壮胆吓鬼，所以在《中国哲学史大纲》的封面上，也印上个"博士著"字样。在博士多如狗的今日，谁要来这么一下，别人会嗤之以鼻的，但是六十年前却是另外一个时代啊！胡博士的新娘花轿太大，迎亲之夕，要拆门而入，在那时是顺理成章的。中个土举人，祠堂门前尚且要加一对旗杆，况高中洋进士乎？

那时的中国士大夫被洋人吓昏了头，对自己的文明完全失去了信心。一个留学七载、行万里路、读万卷书、重洋归来的洋翰林是大可以唬人的。他们是那个文化真空时代里浪头上的风云人物，所以胡氏在他的处女作上加个"博士著"来吓鬼是完全可以理解的。

可怜费正清先生的高足格雷德博士就不了解这一点。他说当胡氏一九一七年返华之时，立刻觉察到自身为社会环境所幽囚，他所珍惜的价值标准受到了基本上的敌视（见格书第三三三页）。这是格君对近代中国社会文化史的发展，作"想当然耳"的论断！他不知道在中国近代史上，士大夫最崇洋的一段便是民国初年那一段！那时的美国留学生才真是说一不二。连袁大总统想做皇帝也要以哥伦比亚大学的古德诺教授（Frank J. Goodnow）一言为定呢！

不特此也。在《中国哲学史大纲》第一版蔡元培的序文中居然把徽州的"解经三胡"说成胡适的老祖宗。因而人们觉得胡适对中国哲学之所以有如此透彻的了解，实在是家学渊源，箕裘有自！蔡氏把胡氏当成别人的子孙，而胡氏亦默不作声，把别人的祖宗据为己有。这些都显示二十来岁的胡适对那浩如烟海的古籍的研究，在全国最高权威们众目睽睽之下，没有太大的自信心。

最可笑的是那时搞"胡祸"的草包，竟然不敢驳他。当梁启超把胡氏的"荀子""墨子"诸章捧得天高之时，这些反胡乡愿也倒捧他一场，说这些杰作，是胡适"剽窃先人"的。那个在一旁暗笑，无先人可以剽窃的青年胡适，因而胆子越来越大，信心也就越来越强了。

以上这些小事都不足为胡氏盛德之玷。读历史的人绝不可把那盛名之下而成为众矢之的的二十来岁的青年学者看成大成至圣或我主耶稣。在那种排山倒海的反胡阵营之前，一个才高八斗的浊世佳公子打点太极拳勉图自保，是完全正常的行为，也是绝对值得同情的。他不如此，反而不正常。试问出版了十六年的《传记文学》里不诚实的故事还不是所在多有吗？青年胡适的那点小花招是任何人所不能免的。纵使是春秋责备贤者，也不应苛责于他的。

一八

胡先生既然以哲学为职业，所以他一开口总是自称"我们治思想史的人"。显然他是以治中国思想史为其职业的主要部门。

治中国思想史胡氏是确有创见的，但是他贡献上更重要的一点则是他是在西洋文明挑战之下，在治传统经学和子学上开创新方向的第一人。这个所谓"实验主义的"新方向，从"新"字方面说事实上和接踵而来的"唯物主义的"新方向同样都是新开箱的洋货。只是唯物主义不许你零买零卖。你要接受，你就得在哲学上接受百分之百的唯物宇宙观；在社会发展史上接受百分之百的唯物史观。

实验主义却是个混沌水。所谓"实验主义的观点"这句话本身就欠明确。若说胡适搞政治是从实验主义的观点出发的（笔者前篇亦持此论）那还没大错。若说胡氏治中国思想史也是如此，这话就有问题了。

胡氏治中国思想史是承继传统的，但是中国思想史上没有实验主义的传统，所以主张承继传统、整理国故、再造文明的胡适所搞的也不全是杜威的那一套了。

胡适认为知"新"要由温"故"开始。"全盘西化"不是"胡学"里的口号。胡氏之所以没有公开反对者，无非也是出于孙中山先生所谓"破坏难于建设"的意思，认为不破不立，矫枉必须过正。他认为没有任何民族可以放弃他自己的传统的。只是我们的文明已嫌衰老，如今要借重舶来，旧样翻新。他搞的事实上是文化改制。所以如果今文家的儒生认为孔子是"托古改制"，胡适所搞的则是"托今改制"！

胡适把他的洋老师杜威捧得天高。但是胡适心目中的"新文化"就真是杜威型的吗？杜威是个洋基文化传教士，他搞的只是一个单元的文化。胡适所搞的则是有选择的承继，有选择的吸收，是两个以上文化单元之间对立和统一的问题。杜威有幸被他"选择"中了，也大部下"吸收"了。但是他消化不了，"统一"无望，因而"对立"永远无法消除。在文化交流过程中，他言必称杜威，结果尾巴摇狗，便做了一辈子杜威学徒而不能自拔！

所以胡氏"托今改制"的思想体系的发展，倒颇有点像早期宋代的"道学家"。道学先生们由儒入佛，再由佛返儒，终于驱佛入儒，因而发展出宋明的"理学"。而胡氏则由儒入杜，结果一发难收，有去无回，始终未能搞出如冯友兰所自吹的"新理学"，却做了一辈子的"实验主义者"。

冯友兰的"新理学"当然也只是吹吹罢了，而胡适之始终未搞出一套，实在也怪不得这位"藏晖先生"！

宋代的道学家学佛之所以能去而复返者，因为那只是少数隐逸之士躲在象牙之塔内，思想上的反反复复罢了。闭着眼睛在庙里打坐的释迦牟尼本来就是个死人。这些道学先生们思想上的波澜也不是社会经济变动的结果，当时的国计民生也不因这几位夫子思想上的波澜而随之波动。由农村去，由农村回，风潮是大不到哪里去的。

胡适就不同了。他要选择和吸收的对象已经不是泥塑木雕的如来佛，而是声光电气席卷而来的洪水猛兽。他所身历的社会，也已不是单纯的农业社会。那有六千年历史的中国农业经济已开始崩溃，接踵而至的是个不可捉摸的工业文明。在这个文化交流、社会形态交替的大时代里，思想家们头脑里电波的变动已不再是单纯的抽象思想的反复；相反地那是反映实际的社会经济、文教制度、国内民生、国际政局，整个变动和改制的问题。

中国文明是世界文明主流之一。一个思想家，放眼今后世界，如果把中国传统整个否定掉——像全盘西化论者所计划的——那他的问题便简单多了。如果把中国文明也放进去，算一份，那他的问题就复杂到无以复加了。解决之道决不是一两个天生圣哲，甚或三两代孝子贤孙所可完工的。这是五百年大计，岂可责功于少数"圣贤"？！

试看那在同一个国度之内，同一个社会形态上所产生的宋明"理学"，它和佛教的关系还谈不上什么文化的对立与统一，也要经过大师数十人，历时数百载，才功德圆满的。以宋明理学的发展比诸今日文化的交流与社会形态的递嬗，那真是小巫见大巫了。

老实说孙中山先生和胡适之先生都是开这个五百年中西文化新运的旗手。如果濂洛关闽后继有人，他们都是一代媳妇，万代祖宗。如果游行之后，大旗卷起，那么胡适之那几本破书，实在不值几文。所以我们如果把胡适看成个单纯的学者，那他便一无是处。连做个《水经注》专家，他也当之有愧。这便是海内外"专家"——不论"白专"或"红专"——之所以低估他的道理。

但是吾人如果把他看成一个开文化新运的宗师，那他就高不可攀了。胡适岂是"百里之才"？！他岂是一两门学问，一两本钻牛角的小书可以局限得了的！一个新的文化运动的开始——尤其是多重文化（Cultural pluralism）汇流的开始——必然要有个极长的摸索时代，启蒙大师们无一而非摸索专家。胡适之就是东摸西摸，摸了一辈子！

这也不是胡适之有没有一个中心思想体系的问题。因为在今日的世界上乌托邦是无法生根的，一个思想家的"思想"一定要与现实的社会变动相配合。要主观客观"里应外合"才能产生"新思想"，而在胡氏有生之年，这个里应外合的局面始终未形成，所以他的"思想"也就永远开不了牌！

一九

有一次一位原来学历史和神学的女同学天真地向胡先生说："胡伯伯，我现在不学神学了，也不学历史了。我改学化学！"

"Good girl，good girl，应该学自然科学！"胡氏高兴地把她拉过去拍一拍，说："你看我们学人文科学的，我学了一辈子，现在还不知道在搞些什么呢？"

在一边静立旁听，我深深感觉胡氏这句话不是为称赞那位小姐才说的。那是他的真心话。因而我心头立刻的反应便是：非改行不可！胡氏搞了一辈子还未搞出啥名堂来，况余小子乎！

事后我想想杜威会不会说这话呢？我敢说不会的。但是胡适为什么说这样的话呢？再翻翻胡适中西文著述目录，我也知道，的确，他"一辈子"真"不知道在搞些什么？"胡适之这样的一个聪明而用功的人为什么就这样"不知……什么"地"搞了一辈子呢？"他自己显然是当局者迷，我也百思不得其解。

一次在背后看他打麻将，我忽有所悟。胡氏抓了一手杂牌，连呼"不成气候，不成气候！"可是"好张子"却不断地来，他东拼西凑，手忙脚乱，结果还是和不了牌。原来胡适之这位启蒙大师就是这样东拼西凑，手忙脚乱，搞了一辈子！

再看他下家。那位女太太慢条斯理，运筹帷幄，指挥若定。她正在摸"清一色"，所以不管"好张子、坏张子"，只要颜色不同，就打掉再说！其实"只要颜色不同，就打掉再说"，又岂只胡家这位女客。在胡氏有生之年里，各党派、各学派、各宗师……哪一个不是只要颜色不同，就打掉再说呢？！胸有成竹，取舍分明，所以他们没有胡适之那样博学多才，他们也就没有胡适之那样手忙脚乱了！

二〇

胡先生打麻将时最喜欢说的一句口头禅便是："麻将里头有鬼！"

胡夫人上阵几乎每战皆捷，所以时以"技术高"自许；胡先生接手则几乎每战必败，所以时以"手气不好"解嘲。手气不好，是"客观实在"使然，是"鬼使神差"的，与技术无关！其然乎？岂不然乎？胡适之是不喜欢邵康节的，但是打起麻将他的确相信"有鬼"！因为这个"鬼"是他在麻将桌上"小心求证"，证出来的。

除此之外，胡适是绝对不信"有鬼"的。

胡适不信鬼这一点也被哈佛博士格雷德在李敖的书里找到了，人云亦云，因而大谈其胡传、胡适父子是如何地受了范缜《神灭论》的影响。这就是洋人治汉学不知轻重的地方了。

这是个"胡适学"里"有神"和"无神"的大问题。范缜算老几？中国普通读书人有几个注意到他？但是"无神"却是中国文明的特色。子不语"怪力乱神"！"未能事人？焉能事鬼？"也是我们夫子的戒条。

中国传统的士大夫一向就讨厌鬼神之说。这是我们文明里极其进步的一面。早期来华的美国基督教传教士后来又荣任我国"同文馆总教习"的丁韪良（William Alexander Parsons Martin）初来时便颇受我国士绅的欢迎。原因之一便是丁和尚的庙里没有菩萨[9]！

胡适的美国老师是个基督徒，而胡氏本人则是反佛非耶的！是胡氏叛杜而宗马乎？非也。是胡适读《神灭论》而豁然顿悟乎？非也。胡适只是个传统的士大夫，中国传统的士大夫基本上是无神的！胡适事实上是韩愈以后第一个打和尚最起劲的卫道大儒。所以格雷德博士说胡适思想是在现代中国主流之外的，固然是胡说；那些搞文化复兴的老先生们自己去拜菩萨、做礼拜，而偏要反对胡适，那就真是不可解了。

胡先生反佛是他认为中国传统的思想本极纯正，却无端地自污于佛说。自西汉以降，浮屠东来，邪说泛滥便把中国的传统思想弄混杂了。胡氏名之为"印度化运动"，并特地造了一个英文字叫Indianization。

在这方面胡适简直就是韩愈。对那群秃和尚他也真是要"人其人而火其书"。

我说胡先生，你既不反对"西化"，为什么一定要反对"印度化"呢？他的解释是"西化"也就是"科学化""民主化"；而"印度化"则是无生人之教的开倒车。

并且四五千卷的佛经在胡氏看来也不过是部说谎书。那个禅宗东传的一世祖菩提达摩（自称一百五十岁）是骗人的。其后"传衣得法"的弟子们也都不诚实！

"佛家八戒里很重要的一'戒'便是戒谎，"胡先生向我说，"但是个个和尚都说谎！"

"胡先生，"我说，"你认为基督教的《圣经》就不是一部说谎书吗？"

"他们的谎没有佛教里的和尚撒得那么大！"

二一

胡适之留学时代曾一度要皈依基督。中年以后他就反基督教了。他对教堂里高冠厚履的大主教们看得很不顺眼。以胡氏那种人情味极重的人，他对所谓"违反我的原则"的事物却毫不通融。他反对中国人信教，尤其反对中国人糊里糊涂在教堂内结婚。

有一次一位佳期在即的准新娘（显然是胡先生朋友的女儿）到胡家

请他到教堂去代表女方家长，主持她的"出嫁"（give away）。胡氏竟严辞拒绝，使那位漂亮的待嫁新人眼泪汪汪而去。我一边旁观，认为胡氏太执拗了。帮人家出个嫁又有什么天大了不起呢？

"啊！这件事违反我的原则，我决然不做！"这个老头子说那句话的神情，简直就不像"胡适"。

一九五七年冬笔者也在纽约结婚了。我虽非教徒，我倒并不反对在教堂内结婚。孔夫子说"祭神如神在"。反过来说，一个人如不信神，则"祭神如神不在"也就是了。入境从俗，向空气磕个头，也只等于是一个公开的结婚仪式罢了，那又何损于新夫妇的伟大人格呢？但是我知道那是违反胡适之的"原则"的，所以我就未向他发请柬了。幸好内子信奉胡适，她也主张不去教堂，结果我们是在一个非宗教性的"道德文化社"（Ethical Culture Society）的礼堂内结婚的。婚后我们去看胡先生，原来他老人家却是该社的原始会员。他听说新娘不去教堂，便认真地把她夸奖一番，而对我这个"可去可不去"的马虎新郎则不以为然。他说如果新娘子要去教堂，那你不就跟着去了吗？

"胡先生，"我说，"难道爱情还没有真理重要吗？"

胡氏破颜大笑，但是却大摇其头。

二二

胡适之是个背负着一个孔孟人本主义大包袱的、天生的、入世的实验主义者。他对这个现实世界感觉美好而乐观。他对"超自然"（super-nature）没有兴趣，也无"感性"（feeling, perception）。胡适是不会作祷告的，甚至"静默三分钟"一类的宗教性的仪式他也受不了。为着了解佛家的"思想"，胡氏把佛"学"——尤其是禅宗——研究得相当的精深，但是对于"禅"，他只是"参"而不"悟"。他晚年曾与日本禅宗大师铃木大拙笔战得相当激烈。焦点所在在笔者看来，便是胡氏是倾向于理性的禅，而铃木则倾向于感性。从理性出发，则胡氏便一直认为佛教基本上是个可解而不学的、无用的东西。这在佛家看来就是他没有"佛性"或"慧根"，因而"与佛无缘"。在基督教士看来，他就是个"异端"（pagan），尚有待于上帝的感化。

胡氏这个老顽固的反佛非耶的坚定立场，是写现代中国思想史的人应该大书特书的。因为这才是真正的"中国文艺复兴"！所谓"文艺复兴"也者，在西洋便是扭开中古神学和繁琐哲学的枷锁而恢复自由、开朗、淳朴的古代文明。韩文公在思想上"原道"，在文体上复古，也正是中国中古时代的"文艺复兴"。胡适被洋人誉为"中国文艺复兴之父"，在这方面倒没有什么太离谱。"胡文公"和韩文公时代上虽相差一千余年，他们俩在历史上所发生的作用却是大同小异的。

再者，在思想上复古，在现代的科学文明里并不是什么坏事，有时反而是进步的。因为在人类的文明史中，那"追求意义"（pursuit of meaning）和"追求真理"（pursuit of truth）——也可说是"循名责实"——的两股思想主流之内，中国的传统思想可以说是唯一没有在"追求真理"上白费气力的原始文明。中国人是最现实的，我们的文明一开头就以"人"为本。与"人"无关的"玄而又玄"的思想始终没有在中国生过大根。纵是在谈玄最盛的六朝，玄学也不过是士大夫阶级茶余酒后的"清玩"而已。中国思想家穷宇宙之秘的只有朱子以后才稍稍搞出点"无极""太极"的东西来，那是受了佛家的影响。

西洋就不然了。在他们传统的思想里，一开头就用尽气力去"追求"他们最大的"真理"——"宇宙"，和创造这个"宇宙"的主宰——"上帝"。老实说数千年来西洋文明吃"上帝"的亏，实远甚于

"上帝"对他们的保佑。纵使是今日的"西方"，仍然是"上帝"愈多的地方愈落后！

所以在"追求真理"这条思想道路上，今日哲学家已经公开地向科学家认输。他们知道"上帝造人"始终只是个"大胆假设"，而"人造上帝"则是经过"小心求证"出来的绝对事实。浑沌初开究竟是怎么回事呢？学生们应该去问吴大猷、丁肇中，而不应该去麻烦枢机主教。要探索"宇宙"，只有在"科学"里才能寻求其答案。所以两千多年来西洋哲学里所追求的"真理"在现代科学的光辉之下，都变成了"无意义"（meaningless）。"哲学"和"宗教"如今已不能再谈"真理"，它两位老人家只能在"追求意义"和"满足情绪"（emotional satisfaction）上去寻求自保之道了。

这一项当代西方新思想的发展，说也奇怪，在一个中国思想家看来并无啥稀奇。因为中国思想向来就是如此的。只有糊涂的白鬼才把"盘古"看得那么认真，顶礼膜拜，视为"上帝"。他在中国一直就只是老祖母们在厨房里逗逗孩子们的故事罢了。

中国古老的无神论今日在西方复活，正如我们的"书法"和"泼墨山水"在西方艺术里新生一样。在洋人看来这是何等高明的"当代印象派"！他们不知道我们这些垃圾，几几乎早就被吴稚老丢到茅坑里去了。

不特此也。我国古代哲学家早就把宗教挤得靠边站了。"追求意义"和"满足情绪"，有一个"文庙"就足够足够了。又何必另盖些"龙王庙""少林寺"呢？熟读圣贤之书，你自然能"了生死""求极乐"！名教中自有交代！你又何必去自讨苦吃"面壁九年"，拜上帝作祷告呢？韩愈、胡适动口，曾国藩、胡林翼动手，非把那个糊涂蛋洪秀全干掉不可！

虽然如此，他们这文武两派始终未能把和尚、道士、神父、牧师赶出中国。因为"了生死""求真意"只有智慧高超的苏格拉底、王阳明、胡适之才能在"哲学"中求其解脱，我辈愚夫愚妇在名教中找不到乐土，就只有去求菩萨、做礼拜了。

今后世界上，只要人类还有生死，宗教就会继续存在。列宁把宗教当成鸦片烟说它能麻痹"革命人民"的反抗情绪。其实宗教在我国历史上往往却是兴奋剂。赤眉、黄巾乃至太平天国都是由宗教搞起来的。相反的，它对有钱人反而是鸦片烟。愈有钱、愈怕死；愈怕死、愈信鬼神。因而国家愈承平，经济愈起飞，大施主、大护法就愈多，教堂庙宇也就愈要盖下去。所以在传统中国里，大法师、大主教们一向就靠我辈愚夫愚妇生命里的"意义"和"情绪"赏饭吃。他们在文化上是不能和传统的士大夫平起平坐的。

胡适之就是这样的一个标准的传统士大夫。他晚年的思想里哪有多少实验主义呢？晚年的"胡适"只是一种宗教哲学合二为一的最古老的中国传统思想，甚至也可说是孔孟之精义。像汉代古文学家一样，他把两千年来的儒术，剥茧抽丝，涤尽粉饰，找出个儒家的原来面目，这个具体而微的面目正是胡适之自己。

所以就人类思想演进的程序来说，胡氏是较他老师走前一步了。杜威的祖宗八代都是"上帝造出来的"，他思想里没有"无神"的传统。他那点粗浅的科学训练又不足以帮他证明那"制造"他祖宗的"上帝"不存在。所以他在"意义"上和"情绪"上就非死钉住这个传统的概念不可了。

那个和他同时的爱因斯坦就不然了。爱氏认为他的科学理论足够证明上帝的不存在。所以他就敢亵渎神明而坐在教堂上方大谈其上帝不存在之道。这也是笔者亲自耳闻目睹的。那是由纽约"中国基督教学生联合会"主办，在普林斯顿大学教堂内举行的一个谈话会，由爱氏主讲。

主持人的原意是想请爱因斯坦以他的"相对论"来证明"创世纪"的真理；孰知这位怪老头，于教堂之内，背上帝而坐，竟大发其上帝不存在之怪论，使主持人大窘，听众大哗。笔者随同学之后慕名而往，却看了一场毕生难忘的大热闹。

就在这个爱因斯坦的世纪里，我们中国出了个"文艺复兴之父"，他投身于杜威之门，但是在有神与无神的问题上却和老师唱反调。是胡适读通了"相对论"而为爱因斯坦助威耶？非也。只是因为胡氏除杜威之外还有两个老师，这两个老师就是孔丘和孟轲！

就凭这点，我们能说胡适违反我们的传统去歌诵西洋文明？西洋文明减去了个基督教还剩些什么东西呢？所以胡适之并不是盲目地说月亮是美国的圆。他是歌诵他所认为应当歌诵的；他不是那种小气鬼，把什么都说成自己的好。

胡适也承继传统，但是他只承继他所认为应当承继的。对圣人之糟粕，胡适是没有胃口的。整个地来说，胡适之对西洋文明的吸收和对自己文化传统的继承，只可说是三七开。他自己的思想言行、立身处世，和他的胡开文老店在进出口交易上所贩卖的货色，也大致是七分传统、三分洋货！

注释

［1］胡适先生这句话是常常用中英双语夹杂着说的。职业、训练、娱乐的三个英文字是 profession, training, hobbyohobby的正确的译文应该是"业余兴趣或嗜好"。只因胡氏自己也偶尔译为"娱乐"，李书华先生等胡传作家均沿用，故此处亦用"娱乐"二字。

［2］《中国哲学史大纲》卷上。民国八年，商务印书馆出版。

［3］Hu Shih, *The Development of the Logical Method in Ancient China.* Shanghai: The Oriental Book Co., 1922.

［4］Howard P. Linton, comp.,*Columbia University Masters'and Doctoral Dissertations on Asia*, *1875—1956*.New York:Columbia University Libraries, 1957.

［5］Tung-Li Yuan, comp., *AGuide to Doctoral Dissertations by Chinese Students in America*, *1905—1960*.Published under the Auspices of the Sino-American Cultural Society, Inc., Washington, D. C., 1961.

［6］Jerome B. Grieder, *Hu Shih and the Chinese Renaissance.Liberalism in the Chinese Revolution*, *1917—1937*. Cambridge, Massachusetts, Harvard University Press, 1970.

［7］据袁著前书（见注五）胡氏共接受三十一个名誉博士学位，连正式学位共三十二。据笔者记忆胡先生曾告我他名誉学位共有三十四个。甚多均为第一流学府所颁赠。国人中接受名誉学位之次多者为蒋宋美龄，共十二个。

［8］参与胡氏博士口试之导师六人，唯夏德一人通汉文，然亦不足以读原著。

［9］参阅W. A. P. Martin, *A Cycle of Cathay or China*, *South and North*, *with Personal Reminiscences*.New York:Fleming H. Revell Co., 1897.pp.67ff.

▼

照远不照近的一代文宗
——回忆胡适之先生和口述历史之四

二三

胡适之先生在中国文化史上最卓越的贡献应该还是在文学方面。他是近百年来提倡"文学改良"和推行"白话文学"的第一人！

在近代中国以白话文作大众传播工具的不始于胡适。在他之前已有陈独秀的《安徽白话报》和吴稚晖等所编的《新世纪》。但是正式把白话文当成一种新的文体来提倡，以之代替文言而终于造成一个举国和之的运动，从而为今后千百年的中国文学创出一个以白话文为主体的新时代，那就不能不归功于胡适了。

和胡氏同辈的文人学者，乃至目前的文学史家可能都不承认笔者这一定论。他们不承认的理由固多，最大的原因可能还是他们距离胡适的时代太近。距离太近，看得太清楚，因而自觉把胡适"看穿了"，便不能承认胡氏在历史上应有的地位。

事实上，那位以提倡古文而被誉为"文起八代之衰"的韩愈也不是唐朝第一个写"古文"的人。他也只是学问好、声名大、文笔犀利，他的倡导与时代的需要又正好配合，所以他就能压倒同侪而独享盛誉。和韩愈同时的一批儒生又何尝承认他"文起八代之衰"呢？！这顶高帽子原是宋朝的大文学家苏轼奉送给他的。既戴之后，一千年来自苏东坡到现在，再也没有人敢否定韩文公在中国文学史上的地位了。

胡适之在中国文学史上的地位也正是如此！如笔者对胡氏的评论有

误，那也许是笔者性子太急，把话早说了二百六十八年就是了。

本来，古今中外一切英雄豪杰实在没有哪一个不是时势制造出来的。"一将功成万骨枯！"一个独享盛誉的革命领袖，他的丰功伟绩正不知是多少无名英雄的努力所促成的呢！革命英雄如此，文化英雄何独不然？

人与人间的聪明才智，贤与不肖，有时是要相差十倍以上的。但是"上智"与"下愚"毕竟都是"人"。彼此相差十倍，已经够多的了。若说上智下愚之间有什么"神鬼之差"或"霄壤之别"，那就违反科学了。不但是胡适，就是任何至圣、大贤、导师、领袖，他们的心脏、头脑、皮骨、神经也和普通人没甚差别；而由这些官能所发放出来的好德、好色、好货的习性——以及一切七情、六欲也和我们差不了太多。但是在一个可望而不可及的神秘局面之下，这种"领袖"人物的形象就会因距离愈远而愈显得"伟大"。相反的，你如和他愈接近，他那种伟大形象也就渐次消失。

胡适之先生的同乡，那个九华山上的"地藏菩萨"就是有名的"照远不照近"的。宋代理学的开山老祖周敦颐也说荷花是"可远观而不可亵玩焉！"其实人类社会生活上的领袖人物，往往都是些"荷花"。对别人，他们可操生杀之权；对自己的床头人，则再也"伟大"不起来。事实上，这种"远观"就伟大，"亵玩"就不伟大，都是人类社会心理上的错觉，二者是同样不真实的。

笔者于抗战末期曾在战时的安徽省政府所在地的立煌县当小职员。斯时适逢五战区司令长官李宗仁将军来立煌视察。长官驾到之时，那一派刀光剑影，肃静回避的气势，何等森严！晚间大宴时，我等小兵聚立于幽谷彼岸，在悠扬的军乐声中，遥看长官驻节处的灯光人影，乖乖！这长官哪里是个人，他一定是个长着三头六臂的将星下凡哩！

十余年后，一次郭德洁夫人当着我的面抱怨她丈夫"四体不勤"！说他在客人来之前"打扫卫生"也不好好地做，结果还是"见不得人，满屋灰尘"！我这位"客人"因而勇敢地站起来，脱下上衣向男主人提议一起"义务劳动"！尴尬得笑容满面的老主人，也只好找出吸尘器和我一起洒扫起来。看了这位和我一起"打扫卫生"的老工友，被老婆管得服服帖帖，那一脸忠厚憨笑的神态，回想起立煌群山里的人影灯光，我实在也忍俊不禁。

在此之前，我有时也陪适之先生去挤公共汽车。看他老人家被挤得东倒西歪的惨状，我真要把那些乱挤的番男番女痛骂一阵：你们这些目无尊长的东西！你们知道你们挤的是谁？！他老人家在敝国几几乎做了总统！他是开我们东方世界今后五百年文化新运，配享太庙的大圣人、文曲星！你们有眼不识泰山！

当我用尽平生之力挤出个空位把胡老师安坐下去之后，再看看这位文曲星还不是和众乘客一样，一个瘦骨嶙峋的脊椎动物。配享太庙，又何如哉？！

人类原是和黄蜂、蚂蚁一样的群居动物。动物群居就必然要产生领袖。领袖之形成，原有其"不偶然"的"主观条件"——在幼年时期他们之中有的就真是"异于群儿"！他的聪明才智、品貌德行是可能高出"群儿"十倍以上的。笔者受教育数十年，衷心钦佩的业师和前辈亦不下数十人。但是这些名儒硕彦之中，有胡先生的资质的，大都没有胡先生用功；和胡氏同样用功的人，则多半没有他的天资；先天后天都差可与胡氏相埒的，又没有他的德性好、人缘好、气味好。这些都是胡适之的"过人之处"，都不是"偶然"的！

但是一个人的成就，单靠"主观条件"是不够的。那些"偶然性"很大的"客观条件"也要决定一个领袖人物事业成败的一大半。只有客观条件与主观条件发生了密切的配合，才能使一个"未来的领袖"逐渐地从"群儿"之中，脱颖而出，从而变成个实际的"领袖"。可是在他一辈子的领导过程中，还要看他"祖坟上的风水"和"命里的八字"。风水不好，八字不佳，他可能只领导一半就被人家抓起来当成"反革命"枪毙了，那他这半生领袖也就白做了。

记得以前为笔者启蒙的那位汉文老师便时常在书房里自言自语说："才不才，人也！遇不遇，时也！"在他老人家那段"倚人门巷度春秋"的岁月里，他显然是自叹"怀才不遇"！笔者斯时虽然幼小，也深觉"才遇不偶"对我这位秀才老师太不公平了。年长回忆，仍然对他十分同情。等到我后来在海外遇见了我的老上司李司令长官，和乡前辈胡适之博士，才知道这世界里毕竟也有才遇双全的！

李长官就一再告诉我，在他那"不如群儿"的幼年，最大的愿望只想做个"上尉"；而胡博士在哥大肄业时也未见得就怎样地"异于群儿"。

胡先生青年时代那几篇划时代的著作——如《文学改良刍议》——原先都不是为《新青年》杂志撰写的。那些文章是他为他自己所主编的《留美学生季报》（中文版）而执笔的〔1〕。他一稿两投，才把个副本寄投《新青年》。孰知他那先期发表的原稿竟无人理睬，而后来发表的副本却一纸风行，全国哄传。从此胡氏便文星高照，独占鳌头，直到他香槟在口，羽化登仙而后已！那时如果没有陈独秀办个《新青年》杂志，他不能一稿两投，胡氏那几篇徒足哗众的小文章，也不过就是几张覆缶废纸罢了，传世云乎哉！

胡先生在他纪念蔡元培的文章里便把他成功的偶然性说得很清楚。他说他的青年期如果没有蔡先生的着意提挈，他的一生也可能就在二三流报刊编辑的生涯中度过。我国古代儒家的荀卿把这种偶然的际遇便更能说得系统化和概念化。荀子说："登高而招，臂非加长也，而见者远；顺风而呼，声非加疾也，而闻者彰。君子生非异也，善假于物也！"胡适的生命里如果没有《新青年》、陈独秀、蔡元培和那"首善之区"里的"最高学府"来配合他，那他这个"善假于物"的"君子"恐怕也找不到适当的地方去"登高而招""顺风而呼"了！这都是一些偶然的际遇，客观条件配合得好才能使那个主观条件俱备的大才子，扶摇直上，手揽日月！

吾人如试把胡适当年所编的《季报》和王纪五后来所编的《月刊》细细比较，那前者比后者实在也高明得有限。就凭那几篇烂文章，便能煽起一代文风，两朝开继，成佛作祖，这在阮籍看来，就是"世无英雄，使竖子成名"了！那位善于在文学作品中剥皮抽筋的周策纵先生，便显然与阮氏有同感，认为胡适在文学上的成就，有点名过其实！

其实周教授是和阮校尉一样地没有把玄学真正读通。他二人也没有把人类的群居生活真正"看得穿"！试问我国历史上"成名"的"英雄"，究有几个是玉皇大帝从南天门里送了下来的？文武周公孔子而下，孰非"竖子"？他们也不过是这个群居动物的社会里由于才遇双全，风云际会才腾云驾雾的。如果照周先生那样认真地来剥皮抽筋，则国史上哪个英雄豪杰在九泉之下不感到脸红？！

东汉末年，那批头裹黄巾的好汉们所高唱的"苍天已死，黄天当立"的预言虽然未必真实，但是在清末民初，如果说"文言已死，白话当立"，读历史的人，今日反顾，倒觉得这预言是个绝对的真理！西学东来，科举已废，文言之死，白话之兴，本是个顺乎天、应乎人的时势。在这个不可抗拒的历史潮流中，天与人归，产生出几个英雄好汉，原是个"客观实在"。胡适便是这"客观实在"里，应运而生的宠儿。

他之所以能自白话文运动中脱颖而出，从客观的形势上看，实在不能说不是偶然的。但是就他所具备的主观条件来说，实在也不完全就是个"偶然"！

在白话文学兴起的过程中，胡适的确不是独一无二的开风气的大师。但是他却是个最有系统，出力最大的一个推波助澜的领导人。陈独秀、吴稚晖诸先生，在这一运动中原是他的前辈，但是陈、吴诸先生采用白话文这一"行为"，则正如齐宣王对孟子所说的："我乃行之，反而求之，不得吾心。夫子言之，与我心有戚戚焉！"后起的胡适就能在这一群"齐宣王""不得吾心"之际，对白话文学运动说出个"一语道破"的"夫子之言"！白话文学运动，在他画龙点睛之后，才走上正轨；从此四夷宾服，天下大定。胡适所开的风气，真何止于"起八代之衰"！简直是破千年之弊！你能说胡适名过其实？！

五十年代中期笔者在哥大考口试。有位教授问我："林肯是不是奴隶解放者？"我知道这问题不易回答。因为我如说"是"，他一定要引经据典说"不是"；我如说"不是"，他也可用同样渊博的学问来证明他们"是"。不管"是"与"不是"，我都要不及格。这时幸好我情急智生，反问了他一句："照足下看法，美国史上有没有一个所谓'奴隶解放者'呢？"这位惯于考人的人，一旦被考，情急智不生，只好马虎地答了个有。因而我再追问他一句："如果有的话，哪个人比林肯更够资格呢？"想不到我这以问题作答案的问题一出，七位主考和后座一些监考们不觉一阵哄笑。林肯也就变成我的"奴隶解放者"了。

其实在现代中国文学史上的胡适，和黑奴解放史中的林肯，其地位亦大致相同。如果近代的中国白话文学也有个开山之祖的话，哪一位大师比胡适更能当之无愧呢？！

二四

胡适在新诗上的地位也是一样的。

谈新诗他就老实不客气的说他是"新诗的老祖宗"。当今的新诗人和新文学史家，恐怕很多人都要说胡适是"唱戏抱屁股"，自捧自。

的确，胡适不是第一个做白话诗的人。那位作"老女不嫁，踢地唤天"的女诗人，就比胡适早一千多年。青面兽杨志失掉生辰纲时听到白日鼠白胜所朗诵的白话诗，也比"辟克匿克来江边"要早几百年！但是在胡适之前却没有哪个诗人要真的把白话诗当"诗"来作，也没有哪个"诗人"要用白话来"尝试"一下并出个"诗集"。认真着实要把它当作回事来做而推之于"文坛"，胡适之外，还有谁呢？

老实说，中国诗人在七世纪的"王杨卢骆"开个"时体"之后，大家跟着跑了一千多年，现在还在跑。敢于挺身而出把纵横千年的"时体"骂得一文不值的，还要靠这位"反动学者"胡适之！

胡适作了一辈子"新诗"，但是他始终没有把旧诗"斗"倒。事实上从胡藏晖到余光中，"新诗"——这个已年逾花甲的"新诗"——就始终没有脱离"尝试"的阶段。那么第一个"尝试"的人，自封为"老祖宗"，又有何不可呢？

当然，严格地说来——正如周策纵先生所分析的——胡先生不是个第一流的大诗人，因为胡氏没有做大诗人的禀赋。好的诗人应该是情感多于理智的，而胡氏却适得其反。胡先生的文章是清通、明白、笃实。长于"说理"而拙于"抒情"。我没有读过胡先生的情书。我想胡先生如果也曾写过《爱眉小札》一类的作品，那一定糟糕得令人不忍卒读！但是胡先生却坚持要"作诗如作文"。如果作诗的人不为"抒情"而只为"说理"的话，这种诗一定感人不深。"感人不深"的诗，就不会是太好的诗了。

　　胡先生也不是个好的文学"作家"。作家要有丰富的生活经验，和根据这经验所发出的玄妙的幻想和见解。那一直躲在象牙之塔内的胡适之，一未失恋、二未悼亡、三无忧患。他少年翰苑、中年大使、晚年院长，"飞去飞来宰相家"，他的生活经验十分单纯。生活十分单纯的人，断然写不出情节曲折动人的文学作品。

　　笔者读大学时曾旁听徐仲年先生所授的"文学创作"一类的课；再读徐先生的《双丝网》《双尾蝎》等名著，看来看去便只能看出徐大少爷生命中的"巴黎街头喝咖啡"，或与玛丽、玫瑰逛公园等等香艳的故事，如此而已。听说当时在西南联大授同样课程的沈从文先生所讲的与仲年先生亦不相上下。适之先生聪明，他老人家不搞散文和小说的创作。搞的话，恐怕也就是仲年、从文之流亚矣！

　　没有丰富的情感和生活经验的人也很难搞文学批评。胡先生就不是个公正的文学批评家。他老人家"入者主之，出者奴之"；他的"批评"是有高度成见的，往往把好的说成坏的，坏的说成好的。

　　胡先生——正如周策纵先生所指出的——不是个"你死我做和尚"的情种，因而他不欣赏——甚至憎恶——一些"闺怨诗"。

　　"'斜倚熏笼坐到明'不是好诗！"胡先生教训我。"你杀我，我也作不出来！"

　　胡适之是个一生欢乐高兴的人。他自己在熏笼上未坐到九点钟，就要去写文章或睡觉了，哪里能心事重重，啥事不做，"斜倚"他一夜呢？

　　他的"乐观主义者"的文学批评有时简直"乐观"到可笑的程度。"独留青冢向黄昏"，为什么不向朝阳呢？他老人家就不了解王国维所说的"有我"的境界。一个一辈子赶着"写檄文""发宣言""贴标语"的忙人，哪有闲心思去体会什么"青冢黄昏"呢？

这样一个实用、乐观的浊世佳公子，因而和那个与他同时，而专门"肠断魂销"的风流和尚苏曼殊就搞不到一起了。苏和尚的文章就只能"抒情"而不能"说理"。二人气味不投，所以尽管曼殊和尚一声"三郎"便能惹千万痴男情女心酸泪落，而胡适偏说《断鸿零雁记》不是文学！

胡先生是搞"红学"的宗师。但是他却一再告诉我"《红楼梦》不是一部好小说！"为什么呢？胡先生说"因为《红楼梦》里面没有一个plot（有头有尾的故事）"。

"半回'焚稿断痴情'也就是个小小的plot了！"我说。但是那是不合乎胡先生的文学口味的。这也可看出胡先生是如何忠于他自己的看法——尽管这"看法"大有问题。他是绝对不阿从俗好，人云亦云的！

这些都是胡先生在文学批评上牢不可破的成见，但是这些都不影响他在近代中国文学史上"新诗老祖宗"的地位。贾府的"老祖宗"就是个文盲。她老人家一辈子只作过一句"头上有青天"的白话诗，但是没有哪个人敢不承认她老人家在荣宁二府里的地位！

二五

大凡天下事，长短、利弊，很多都是相对的。一个人的"短处"，用得其所，往往正是他的"长处"。胡先生在中国文学史上所占有的原是个"宗师"的地位。他是领导一个文化运动，把中国文学从以文言文为主体的古典文学中解放出来，从而创造出一个以白话文为主体的新文学时代。作为这样一个"划时代的宗师"，他的文体本不应该以"抒情"见长；他的著作自应重在"说理"。他要说出为什么文言之当废，白话之当兴的大道理来。

但是这番大道理，不是可以信口开河的。说的人必须有博大精深的国学基础。他一定要是个包罗万有、融会古今中外的大学者。因而就学问的"宽度"来说，胡适真是个新旧、中西、文言、白话，诗、词、歌、赋，样样都来的"一脚踢"的大材。他的确具备一个"开山大师"的条件，只有像他这样的学者才能纵观古今、盱衡全局，而不至于闭门造车、坐井观天。就这方面说，则梁启超、章太炎、陈独秀诸先生比胡氏皆略逊一筹，王静庵、吴梅、黄侃等对胡氏就只能执鞭随镫。时贤自郐而下，则不足论矣。

再就学问的"深度"来看。蔡孑民说胡氏对汉学的了解，"不让乾嘉"。实在也不是过誉。"文学"原是胡先生的"娱乐"，但是胡适之"娱乐"亦有可观者焉！就以胡氏对"诗经"的研究来说罢。自子夏以后，说"诗"的学者有著作传世亦何止数千人。传统著作中就很少有胡适谈得那样精湛。以他那"新的眼光，好的方法，多的材料"来对《诗经》作个新解说，短短数小时的讲演，即足以发古人千年之所未发！

据胡先生告诉我，他那个终身提倡的所谓"治学方法"，原是他在哥大读书时翻阅《大英百科全书》偶尔发现的。一读之下，至为心折；再读则豁然而悟，以至融会贯通而终身诵之。

其实胡氏那项（在当今社会科学家看来已完全落伍的）"大胆假设，小心求证"的"方法"，当年的欧美留学生，谁人不知，哪人不晓呢？只是别人没有他那样深邃的汉学基础，和明察秋毫举一反三的学术眼光罢了。

胡先生终身治学可说都得力于这一妙手偶得之的"科学的""治学

方法"。甚至他研究"文学"所用的也是这个"科学方法"。不用说他对艰深的《诗经》《楚辞》的分析所用的是这个"方法"，他对那些老妪能解的唐诗、宋词的研究，所用的也是这个"方法"。

笔者在大学时代便听过《全宋词》的编者唐圭璋先生讲宋词。唐先生自认——也是我们公认的——是以"四声"填词（一般人只分平仄）当代少有，乃至仅有的词人。但是唐先生就始终没有告诉我们"填词"为什么要"四声"分明。他纵有解释，亦不能指点诸生升堂睹奥。他老人家只是按照"词谱"上严格的规定，平是平、上是上……一个一个字死"填"进去。"填"得四平八稳，就可以追踪古人了。

后来我在纽约和胡先生聊天，谈到宋词的声韵。胡老师骨鲠在喉，不吐不快；他一发难收，竟向我谈了一整晚有关宋代词人用韵的问题。一夕之谈，真是胜读十年书！

声音本发乎天籁。沈约之前的诗人们就不管什么"平仄"，但细读他们的作品，则平仄自在其中。"词"之为道，有些地方但能平仄无讹，就不必死钉住"四声"。但是也有些地方不但要四声分明，四声之中还要在唇齿喉舌鼻诸"音"中做不同的选择。有时因上下音节的限制，某字不能有鼻音或喉音，则"填"词时，对这同一"声"中的鼻喉之"音"就得回避。运用之妙，存乎一心。有天分、有功夫的词人，咿唔之下，自能得心应手！"曲有误，周郎顾。"这位使枪弄棍的"周郎"，为什么要专找唱曲子人的麻烦呢？因为四声不洽的曲子，乃至诗词，听起来实在令人受不了的缘故！

这些本是词客们"说来容易"的老生常谈。难得的是胡先生随口念出的百十条例子。他在美成、白石、三变、八叉……晚唐、五代、两宋诸朝中的大小词人的作品中，信手拈来，无不切贴。真是倒背《花间》而能融会贯通之！他举出、念出、指出诸家词的异同优劣，行云流水，如数家珍，使我这沙发斜倚、手捧咖啡的学生听来，真有天花乱坠、落英缤纷之感。瞠目结舌之余，我也觉得二十多年来，教过我的文学老师，以及学界前辈，乃至朋辈间所有的才子佳人，没有一个和胡适比不显得灰溜溜的。胡适之那种盖世才华，真是人间少有，天下无双！那个毫无文采的杜威和他这个风流倜傥的大弟子一比，简直是俗不可耐！

有时我更想起时下许多文人学者和党政理论家们，酸溜溜地搞了一辈子；偶有愚者一得，动不动就把胡适请出来，骂一通以为得意。那真是蓬间之雀，诅咒鲲鹏！骂人的人与被骂的人之间，如果距离太大的话，骂人的往往却是替被骂者做义务宣传！五十年代里，大陆上举国若狂的"批胡"运动，结果胡适被他们愈批愈红，也就是这个道理！

其后我看住在纽约的国剧票友们改编旧剧，使我对胡氏有关词曲的理论得到更进一步的佐证。友人中有妻为票友，夫为词人者。这位先生嫌他太太唱词太俗，要把她戏词改"雅"。但是既"雅"之后，太太上台却"唱"不出来。最后只好再找个家庭琴师，他们三人且拉、且唱、且改，最后才能勉强登台的。这小故事也帮助我了解旧剧的音韵。京戏戏辞里最俚俗莫过于《二进宫》这出戏了。但是老生戏中，唱者、听者"最过瘾的"，也莫过于《二进宫》。这才使我想到《二进宫》原是那些只会唱戏，而没有"文采"的"戏子"们所自编、自拉、自唱出来的。它没有经过像齐如山一流的"文人"改编过，所以唱起来特别好听。"听"戏的人，就"听"它一下好了，何必自找麻烦，偏要去"看"字幕，而"徒移我情"呢？！

胡适之真是绝顶聪明！关于宋元词曲的音韵，他并无"师授"。那都是他读破万卷之后，自己理解出来，卒成一家之言的。唐圭璋先生抱着个谱子去死"填"，就没有胡氏的才华了。可惜胡先生还是舌头硬了点，他不会吹笛子、唱曲子。否则他对词曲的了解，当更有创见！

二六

读古书，胡先生总是鼓励我们"大胆地思考"，不要为古人迂腐的解释所蒙蔽！在他的鼓励之下，我们有时也以子之矛，攻子之盾，把胡适论学著作里"迂腐的解释"找出来，和他辩论一番。胡先生是不认输的。但是他对善意的反驳亦不以为忤。他那在英美学派里所涵养出的"容忍"气量，不但足使章炳麟、黄季刚等在阴间汗颜；就是当今在中国港台地区及北美的尖端学人，皆不能和他比。

在长期"大胆思考"之后，有一次笔者便斗胆与胡老师为着他对《诗经》的"新解释"辩论了许久。

我个人就认为"孔子删诗"这句古话不全是胡说；《国风》也未必就完全是"各地散传的歌谣"；全部《诗经》也未始就不是"儒家的经典"！

笔者向胡先生举出"我们安徽"（这是胡氏的口头禅）的"凤阳花鼓"为例。我认为《国风》纵使是"民谣"，那这民谣也一定是经过如胡适之、齐如山等"文人雅士""删改"和"润色"过的。否则它只是一本"凤阳花鼓词"，绝不能成为典雅的《诗经》！

我再举出"我们安徽"一支秧歌为例。那歌词是：

> 天上大星朗朗稀；
> 莫笑穷人穿破衣。
> 哪有穷人穷到底？

看！臭粪堆也有发热时。

"臭粪堆"是安徽农人把农作物废料，和粪土堆在一起，然后加以焚化的肥料"堆"。它是经常冒烟"发热"的。

这首歌的第四句，原有两种唱法。第二种唱法则是："哪有富人富千年？"

如果照第二种唱法，这首秧歌实在俚俗不堪；但是如照第一种唱法，则这首民谣可置诸"三百首"中，而无愧色。它以"朗朗大星"来起"兴"；以"臭粪堆"自"比"；而"赋"出穷人绝不会"穷到底"的未来希望。"赋、比、兴"三者都有其自然的流露，实在是一首天衣无缝的好诗！

先父是个安徽地主。当他在农村田埂上散步时听到这秧歌，他就力劝农夫只唱前一种；因为前一种"很雅"，一定是经过什么"好事的文人修改过的"！

其实三百篇的《诗经》——尤其是《国风》，如果起源于民谣的话，那么每篇也一定经过一些"好事的文人""臭粪堆""臭"过一番的。甚至是在数千篇中"沙里淘金"，"删"过、"选"过的。但是这些"好事的文人"是谁呢？古书里不早有交代说他就是那个农村知识分子孔二先生吗？顽固的胡藏晖为什么偏说他不是呢？

孔二先生说："诗三百，一言以蔽之，曰思无邪！"这"思无邪"三字实在是对三百篇最恰当的评话。《诗序》也说："国风好色而不淫；小雅怨诽而不乱！"吾人如细读《国风》《小雅》，也觉得这两句确是实情。本来，"哪个少年不会钟情？哪个少女不会怀春？"年纪轻轻的，钟一下情，怀一下春，有何不好？所以那个极近人情而毫无宋、明、民国诸儒之臭道学气味的哲学家孔仲尼先生说是"思无邪"，这才真是圣人的伟大!

同时我还把"我们安徽"的另一首民谣《叹五更》，念给胡先生听。幸好敝省工业落伍，如果我们也有个"好莱坞"或"邵氏"的话，那这《叹五更》不就是最好"×级"的电影题材了吗？怎能说品德高尚的贫下中农们所唱的情歌就一定"好色而不淫"呢？

再者，宋太公的儿子也是个农村知识分子，你看他在浔阳楼上酒醉后的咏怀之作："他时若遂凌云志，敢笑黄巢不丈夫？！"是何等的"怨诽而乱！"为什么我们这些"呦呦鹿鸣，荷叶浮萍"的作者们，却个个都能"怨诽而不乱"呢？

所以以笔者的愚见，诗三百不但是经过他们孔家店师徒们选过的改过的，他们选改的标准还要以他们的儒党的"思想体系"为依归！他们是利用民歌来替他们贵党的"温柔敦厚主义"来传教！这和胡适之利用对《红楼梦》《水浒传》等大众读物的"考证"，来传播其"科学的治学方法"是同一个道理。这也是胡适亲口告我，他"考证"《红楼》《水浒》的真正"动机"之所在。所以那个经孔家师徒改头换面的《诗经》，倒正是不折不扣的"儒家经典"呢！

我并且大胆地假设：我国古代公共集会——如婚丧祭祀宴飨等等——可能也有和基督徒一样"唱诗"的习惯【2】。钟磬一响，大家就引吭高歌！仲尼弟子就说："子闻哭，则不歌！"孔子不是殡仪馆老板，他老人家平时"闻哭"的机会也不会太多。如果子不闻哭，那他不就"大歌特歌"了吗？孔二先生平时唱的究竟是些什么"歌"呢？"滚石歌"？"人不风流枉少年"？我怀疑《诗经》可能也就是我国古代的"赞美诗"（hymn）。大家"哈呢呶呀"唱久了，不论识字与不识字，每个人都能背诵若干。所以春秋战国时代，纵使一些狗屁不通的人，动不动也可引他两句"诗曰"，而今日有许多授中国文学的教授们反而不能，或许也就是这个道理！

胡先生对我反驳他的话不以为忤。但是他总是说："你的看法有问题！有问题！"可是他又说："气有点新意思，有点新意思。"

二七

胡适之是个极其通达的人。同他谈话每使我想起幼年所读的《论语》。《论语》里面师徒对话所反映出来的孔子，也是个极其通达的老师。他的行为被学生们误会了，他可以对天发誓。学生们对他思想里迂腐的地方，也可开门见山地说："啊呀！你老夫子太迂腐了。"（"甚矣！子之迂也。"）胡先生正是如此，但是在学术上他却很难接受不同的意见。最初我以为胡老夫子执拗，过久了我才知道，胡先生也有其不得已的苦衷。

胡适成名太早，二十几岁就已树立了一个学术宗派。弟子以次相授业，他这个宗派已传了好几代。因而到了晚年纵使他思想上稍有改变，在学术上要"与昨日之我挑战"，他也不愿公之于世界了，牵涉太大，还是将错就错罢！

六十年代初期，胡先生逝世之后，哥大当局要我把先生口述英文遗稿写个"总评"。在那短评里我就说："就内容看，这份口述稿实无'新鲜材料'之可言。但是就研究胡适思想的变迁来看，这稿子却证明了晚年胡适的思想，倒是与青年胡适的思想是前后一致的。"哥大当局后来也就把我这"总评"的要点写入他们的出版说明书。

笔者之所以持此说，第一，是从胡氏思想全局着眼。大体上说胡适思想前后是没有太大矛盾的。第二，是就稿子论稿子。我所说的只限于这份英文稿，未及其他。

其实晚年胡适的思想，你要和他"谈"才知道；只去"读"他的书，是不够的。胡氏是搞"打倒孔家店"起家的。那时的"孔家店"是搞"垄断贸易"的大企业，声势显赫，不打倒它，如何革命？！可是事隔五十年，可怜的孔家店只剩下几间土门面，比贩卖中西文具的"胡开文老店"差得多了；孔二老板也早已变成头秃齿豁，灰溜溜的老头子；好汉们手下留情吧！再去踢他老人家两脚，也实在犯不着了。胡适之晚年已洗尽铅华，恢复他原来儒生的真面目；平时衡文论史，对孔老师恕辞尤多。但是孔孟学会的会长他还是不做的。不做的原因：第一，孔孟学会内众夫子所搞的"孔孟"不一定就是胡氏心目中"再造文明"里的"孔孟"；第二，也是更重要的一点，搞"打倒孔家店"的文化革命家，岂可前后不一致呢？

再说白话文罢。胡氏反对文言文时，正是佶屈聱牙的章太炎体的古文得势之时，纵迟至笔者这一辈也还有个小章太炎写情书说"仆少有大志，七岁能文，先大父爱如掌珠……"而把爱情搞吹了的。所以在那时要扫除"桐城谬种"，"还我神奇"！真是一针见血的革命口号。但是五十年后的中国语言，已经由文言和白话的问题，转为适用与不适用的问题了。就适用而言，则"的了吗呀"就不一定比"之乎也者"更适用。

胡适的大著《丁文江的传记》这个书名，就不一定比"丁文江之传记"更适用更清楚，更不如"丁文江传记"简洁，尤不如文言文的书名"丁文江传"明白、通俗、适用。请问胡大师，取个书名为什么一定要舍简就繁，噜噜苏苏用个"白话"，而不用个简单、明了、通俗、适用的"文言"呢？！

为着辞句表达的简洁有力，胡先生说起话来也时常是"文乎，文乎"的。但是写起文章来却偏要用一些既不适用，又不清楚而念起来别别扭扭的"白话"！何也？（恕我未用"这是什么意思呢？"）一言以蔽之，提倡白话文的祖师爷，写起传世文章来，岂可自犯其清规戒律呢？！这是个祖师爷的形象（image）的问题。适用不适用，自当别论。所以他就木匠顶枷，自作自受了。

可是"说话"就是另外一个问题了。施耐庵先生说："快意之事莫若友，快友之快莫若谈！"胡适之是个最好的"教书匠"，也是最能"快友"的谈友。他的文章写得已经够好，他讲的比写的更好！老博士一肚皮学问，满头脑真知灼见，再加上个能说会讲的嘴巴，他肚皮里的东西不讲出来，老胡适真要活活闷死的。我可以想象胡适当年，在北京大学红楼之内，聚天下英才而讲演之。三山五岳，古今中外……闭着眼睛吹起来，吹得讲台之上，天花乱坠；讲台之下，欢笑四起，掌声如雷；胡博士好不乐煞人也么哥！这样讲起来，一定要言成法立，文言白话，出口成章才过瘾！每句话都在"八不"规律之内，"讲"个别别扭扭的白话"演"，岂不难过？所以老胡适对学生讲起课来，与朋友吹起牛来，白话不白话，哪还管得了许多？张君瑞说得好："红娘姐，这时我顾不得你了！"胡博士这时也顾不得白话了。

有一次胡先生告诉我一个有关梁启超的故事：梁氏遗墨真迹今日仍可稽考者约有三万件，而件件足珍，其中没有一件是"苟且落笔的"！何以故呢？胡先生说因为梁氏成名太早，他知道他的片纸只字都会有人收藏的，所以他连个小纸条也不乱写！

胡氏说完，我一想这正是胡适之的"夫子自道"！胡适之心到口到，他嘴里可以随便说，但是他却和梁启超一样不愿"苟且落笔"！加以胡氏又是个美国留学生，美国脾气很重。美国佬因为动不动就打官司，所以白纸墨字，他们绝不"苟且落笔"。但是在录音机发明之前，"口说无凭"，所以他们话倒可随便说。这方面也可看出中西文化之异同。我国农业社会里所产生的有为有守的士大夫，照例是"然诺重千金"的；江湖好汉，贫下中农，男子汉大丈夫讲话也照样算话？！

美国佬就不同了。纵是总统、议员、校长、经理、讲座教授……他上午同你说的，下午就可以否认。与美国佬打交道，你和他事无巨细，都得订个契约或合同，因为他们的口头然诺，直如放屁，讲话是照例不算的。中国早期留美的知识分子，未看透老美，往往被他们甜言蜜语，骗得一辈子不能翻身。年轻的华裔知识分子比老辈伶俐多了，美国佬再也骗不了他们，而他们的言行也就美国化了。

胡适之先生这位老辈的老辈，他学会了美国人不苟且落笔的好处；美国佬的坏处他还未体会到，因为他根本未与美国佬共过事。他这个农业社会出身的传统士大夫把他自己为"五鬼"所扰的社会看得很清楚，而对鬼吃鬼的商业化的洋社会则一知半解。可是他老人家见贤思齐，只学好的，未学坏的，他双取骊龙颔下珠，倒颇能得中西之长。所以吾人要了解晚年的胡适思想，只可在胡氏心到口到之际，于私人朋友谈笑之间求之。胡先生没有梁任公那样憨直。对自己思想挑战的文章，在胡氏著作里是找不到的。

二八

正因为胡先生心到口到，胸中别无城府，他老人家实在是天下最好的老师。他既没有中国旧时武师那种"留两手"的坏传统，也没有当今美国学者那种敝帚千金，守秘密，偷情报等商业化的丑恶习惯。胡氏循循善诱，诲人不倦；其为人又诚恳和善，使你不觉得他是个前辈或师长。知之为知之，不知为不知，他和学生一起切磋研究，教学相长。所以向胡先生学习，真是春风坐对，其乐融融。

笔者在大学时代曾上过最近才逝世的方东美老师的课。记得在一个灯光黯淡的教室里，我们咬笔静候。忽然门声一响，方老师拖着个又粗又大的手杖，抱着一大叠考卷，面目森严地走了进来。想起"龙树"，我们早已冷了半截。再经方老师那两只黑白大眼，从那大黑框的眼镜里向我们左右一扫，顿时全场阴风惨惨，教室四周似乎都站满了牛头马面。这时一位漂亮的川籍女同学，忽然大叫一声"哎呀！"自座位上扑倒地下。全场数十人，没一人敢吭一声气。幸好有位胆大的勇士，似乎是李毓澍，轻轻地拉着我们走向前去，抬头抬脚，把那位吓昏了的女同学，像死狗一样地拖出教室，抬回女生宿舍。回来"龙树"未了，我正经周身冷汗涔涔！

　　方先生是笔者平生获益最多，也是最敬佩的业师之一。他老人家"严师出高徒"的教学方式，和胡老师正是两个极端的对照！

　　方、胡两位老师都是"我们安徽"登峰造极的大学者，他二位的个性就有这样的不同！

注释

【1】胡适早年三篇杰作《文学改良刍议》、《尔改篇》《否我篇》原稿同时间刊载于"留美中国学生会"所发行的《留学生季报》（中文版），第四卷，春季第一号，1917年3月出版，页一至二五。

胡氏为《季报》中文版总编辑，宋子文为英文版总编辑。中文版稿件因由上海商务印书馆承印，海邮往返甚为缓慢，故发稿期较出版期经常相距三五个月之久。

【2】世界上很多宗教都有朗诵"赞美诗"的仪式，不独基督教为然。初民部落生活中皆有此风俗。各国政党多有其自己的"党歌"，世界各地共产党则唱"国际歌"，也都有远古遗风。

▼

"新诗老祖宗"与"第三文艺中心"
——回忆胡适之先生和口述历史之五

二九

胡适之先生在近代中国文化史上不但最大的贡献是在文学方面，他对国内学术文化界最关心和最有兴趣的也在文学方面。这在他平时阅读中文报刊的习惯上表现得最清楚。以前他在哥大中文图书馆看报时，他那种不寻常的读报习惯便曾引起我极大的好奇心。

哥大中文图书馆中当时所陈列的除国内出版的几家主要的报刊之外，大半是美国两岸所发行和赠阅的"侨报"。这些在海外编排印刷的中文出版品内容可说都是相当原始的。不学如愚，也只是看看他们的头版大标题而已。那些"副刊"实是不值得浪费太多时间的。但是胡老师却各报都看，各版都看，尤其喜欢看副刊。不但看，而且仔细看，偶尔还要记点小笔记。

有时被我好奇的眼光所吸引，他就把一些副刊翻出来给我看，说："这首新诗作得不错！""这首不像诗，要打屁股！""这篇小品文不好，不文、不白。""×××这首旧诗unacceptable""……"

原来胡适之这个教书匠不在看报，他在"评作文""看考卷"。他批评起来简直是一派教书先生的口气。胡适显然把海峡两岸暨香港以及海外各地的报屁股作家都看成他的学生。他们的杰作也就是他学生的课堂作业！

不幸这位已教出几代学生的教书先生这时在纽约连一个学生也找不

到了。"作之师"的人和"作之君"的人本性的确是相同的。教书先生失去了学生就和大皇帝失去了臣仆一样，真是"终日以眼泪洗面"，空虚无比，难过无比。因而他们也就学会了太极拳师练拳的办法："有人打人，无人打影。"胡老师这时也就是个"无人打影"的拳师；虽然已经没有学生了，"考卷"还是要照看无讹。这在现代心理学上大概就叫作"自我实现"（self-actuelization）吧。

这时笔者恰巧变成胡老师"有人打人"时唯一可"打"之"人"。他抓到一首好的白话诗，便可以向我解释半天。有时我不同意就和他辩论。可是我愈不同意，他愈高兴。因为只有我不同意，他老师才能继续滔滔不绝，详述其"好在哪里？坏在哪里？"的大道理。

胡先生欢喜与他辩论的学生。你和他老人家来个"不违如愚"，那他就要闷死了。笔者那时便是胡老师左右，一个不管天高地厚就和他胡辩一通的"小门生"。因为我是他"学生的学生"，所以胡先生有时开玩笑地叫我作"小门生"。但是这时胡祖师爷连"小门生"也不多了。纵使笔者是个"粪土之墙"，总比连一个也没有好一点。因此后来在胡博士的客人面前，我又变成胡适之的"我的学生"了。

后来胡先生在台北逝世，中国知识分子在纽约举行追悼会。追悼会主持人程其保先生要我在群贤之后说点追悼胡先生的话。我坚辞不敢，因为在座百十人中和我平辈的还有杨振宁和李政道，哪里轮到我呢？！程先生说："我请你代表你那一辈的'胡先生的学生'说几句话。"环顾全场，我就只能"代表"我自己了。

三十

胡先生当年在纽约阅报评诗之余，他也时常向我说："你们在纽约也是中国新文学在海外的一个中心。"他所以说这句话的缘故，就是因为五十年代里中国知识分子在纽约也曾组织过一两个文艺团体。胡适之对我们这种小文艺组织真是钟爱备至，而他老人家自己也就自然而然地变成这些小团体的当然指导员和赞助人了。

"文学"这个东西本来就不是胡适之一个人的"娱乐"。它原是人人之所好，尤其是中国人之所好。我们的中华民族本来就是个诗人的民族。君不见我们祖国从古至今的圣主明君、主席省长、将军司令、教授学人、贩夫走卒、企台司账……兴之所至，大家不是都可以"口占一绝"吗？当年的名地质学家翁文灏，下海做"行政院长"，干不下去了，回家关起门来，别人以为他在"闭门思过"；但是据"中央社"的报导，他却在家里"闭门作诗"！

笔者五十年代之初在美国"打工"为生时，也曾与一些老华工"唱和"一番，在那种"牛马"不如的生活环境里，一位老唐人竟能做出些四平八稳，胡适之所谓"acceptable（过得去）"的律诗，我读到他的"早知身本非金石，已听人呼作马牛！"的诗句，再看看他那苦力生涯，顾影自怜，真为之泫然。

我们的炎黄子孙的感情是最丰富的，伤时忧国、死别生离、壮志未酬、怀才不遇……照例都要以诗言志，"咏怀"一番。那时在哥大讲中国诗品的吉川幸次郎教授便常说："中国的诗是有其悲哀的传统的！"

我国的诗人们从屈原到余光中——胡适等少数"乐观诗人"除外——"咏怀"之作，照例都要"伤感"一番。不"伤"何以"感"人？尤其是在家破人亡、缏断篷飘之际，自然"伤感"更甚，"悲哀的传统"因而也就益发显著了。五十年代在海外漂流的中国知识分子，新愁旧恨当然更是说不尽了。有愁有恨，大家难免也就要"咏怀"一番了。

杭州的潘三爷说得好："这一班人是有名的呆子！这姓景的开头巾

店，本来有两千银子的本钱，一顿诗作得精光！他每日在店里手里拿着个刷子刷头巾，口里还哼的是'清明时节雨纷纷'，那买头巾的和店邻看了都笑。"

五十年代里呆在纽约的中国文法科留学生哪能和潘三爷所说的杭州"呆子"们相比，他们之中就没有几个能拿出"两千银子的本钱"。岁尾周末这批"宫锦夜行"的"西湖名士"又无家可归，无处可去。但是"清茶胜似酒，面包充早饭"，也每每物以类聚，形成一些以欣赏文艺而自我陶醉的小团体。霜晨月夕，赫贞河畔，大熊山头，大家也就彼此欣赏地吟风弄月一番。人多了，大家都"酸"，酸味也就中和了。大家都"肉麻"，一个人也就不自觉其肉麻了，所以大家搞得很起劲！

战后中国知识分子在纽约所组织的文艺团体最早的一个便是一九五一年由林语堂先生所领导的"天风社"。林语堂博士比景兰江老板本钱大。他拿出一笔不小的私产，创办了一个小型的《天风月刊》，由林先生的二女儿太乙主编。

顾名思义，《天风》的风格是旧日《西风》的延续。笔者当时和太乙姐妹和她的爱人黎明都是哥大的同学和好朋友，不期而然的也就变成"天风社"的成员。林语堂大师那时也比《儒林外史》上那位主持诗社的胡三公子更慷慨。《天风月刊》竟能发出五块美金一千字的稿费（那时哥大的学生工资是七毛五一小时）。肥水不流外人田，我们这批和太乙很熟的同学因而都变成了多产作家。新诗、旧词、小说、散文、传记、随笔……只要"主编"看得中，我们就大量出炉。

那是个大乱之后，海内外中国文坛一片沙漠的时代。太乙这个小杂志一出版，荒漠甘泉，竟然不胫而走。一些在三十年代便很有名望的作家和批评家，居然也透过林先生和我们这批"企台作家"通信，讨论起各种"文艺问题"来。这些作家和批评家中最大的一位当然就是近在咫尺的胡适之了。

太乙有一次告诉我说："老胡适也在看我们的杂志。十分羡慕！十分羡慕！"其实老胡适那个平淡笃实的文艺路线和幽默大师轻松俏皮的性灵文学是南辕北辙的。但是他们老朋友之间各好其所好，彼此保持了互不拆台的友谊。

《天风》那时虽然是一份相当风行的刊物，但是她始终入不敷出，纵是富如林公，亦不堪其赔累。那时的海外华人烽火余生，在衣食难周之时，毕竟阅之者众而购之者寡。加以林府全家已决定去南洋，无心继续在纽约办报，《天风》这个小幼苗未即周岁也就随之枯萎了。

三一

林语堂先生全家离纽约之后，"天风社"的大树虽倒而纽约市的猢狲未散。原"天风社"里的一批执笔人接着又组织了一个"白马文艺社"。"白马"二字是顾献樑提议的，取唐玄奘留学印度"白马取经"之义。"文艺"两个俗字则是笔者建议加上去的。因为不加这两个字，敏感的人们很可能要怀疑这匹"白马"的性质；加上了，别人知道"这一班人是有名的呆子"，也就不会来找麻烦了。

胡适之先生对我们这个"白马社"发生了极大的兴趣。林先生去后，胡先生就变成我们唯一的前辈和导师了。他显然是把他自己所爱护的小团体估计过高，因而把它看成中国新文学在海外的"一个中心"！

"白马社"的组织，在范围上说是比"天风社"扩大了，因为它有"文"有"艺"。纽约市那时倒是一个西方世界里中国知识分子聚居的"中心"。党政军商学各界华裔首要之外，一般的"文人""艺人"也都麋居纽约，因为这儿是个历史性的移民港口，歧视比较小，改行找饭吃也比较容易。纽约市更是个世界旅行家的必经之地。中国文艺界的过往客商，在纽约市上也是川流不息的。

不过"白马社"那时不是个职业性的文艺组织。那是一批企台、打工的中国留学生所搞的一个吃吃喝喝的文艺俱乐部，也可说是个小文艺"沙龙"吧。他们之间没有什么"成名"的人物，他们也不欢迎"名人"来上山入伙。第一因为"人"既"名"矣，他就必然有或多或少的"政治"关系；政治先生一来，则难免要影响该社吃吃喝喝的俱乐气氛。第二也因为这些"无名之士"中忽然冒出个"有名之士"来，那就等于羊群里忽然跑进个驴子，驴子和羊在一起吃草，对驴子既不公平，羊儿也会感觉周身不自在、不舒服。倒不如驴是驴、羊是羊，各安其分的好。

再者，"白马社"里这批景兰江、匡超人等一流卖头巾的"诗人"们，也没有人再把"文艺"看成终身职业了。他们对"开餐馆"倒不无壮志，对作诗论文只不过当成"砍杀时光"（kill time）一种方式罢了。有点文娱活动说起来总比打麻将好一点。

可是任何一种业余嗜好——尤其是有集体性的业余嗜好，搞久了，搞精了都会搞出点名堂来的。吴讷孙（鹿桥）就不是个职业作家，但是他那本足垂不朽的《未央歌》就是在"白马社"时期脱稿的。周文中原来也不是职业作曲家。他先学化学，后学建筑，"作曲"只是他的"业余嗜好"。他那几支蜚声国际的现代乐曲，也是这个时期发展出来的。后来他"不务正业"把化学和建筑丢得干净，竟然做起哥大的音乐系主任来了。

当然我们当中也有职业性和半职业性的文艺后备军。周策纵是学政治的。但是他那本以检讨"五四"时代文艺思潮和政治运动的权威著作《五四运动史》，便是他的博士论文。策纵后来也厌恶本行，竟改行做起文学教授来。

那时才气最高，也最令同人叹息流泪的则是蔡宝瑜。宝瑜虽然很年轻——才二十来岁——但是她那时已是美国陶塑艺术界的尖端人物，并经同业推选代表美国参加国际会议。她那充满灵感的艺术作品已经是陶塑爱好者收藏的对象。她在纽约郊区并且建立了一个小"窑"以烘制她自己的作品。宝瑜又是个清逸温婉的人，为人处世和善真诚。谁知造物忌才，正当我们大家过从十分热闹之时，她忽然短命而死。她的死，不特使全社同人悲恸万分，就是整个的社都显得有遁世入山的迹象，宝瑜之死，是太令人伤感了。

"白马社"实在是令人怀念不置的一个文艺小社团。它是个不声不响的朋友们之间的纯友谊小组织。它没有二十年代"创造社""文学研究会"，乃至后来的"新月派""语丝派"那种挺胸膛、拍脯子十分自负的习气。它也没有三十年代"左联"那种"怨诽而乱"的满肚皮不平之气。它只是个恬淡无欲的业余组织。它和它前辈那些文艺组织的不同之点是前者是职业性的，后者是非职业性的。职业性的就有欲，非职业性的就无欲。在美学上说，无欲的形象比有欲的形象就要"美"得多了。

二次大战后的美国文艺之所以显得十分丑恶的缘故，便是由于多欲。《鲁迅全集》中最好的作品如《祥林嫂》如《阿Q正传》等都是他欲念最小的时期写的。等到他欲重心烦，那个"杂感专家"的文章就很少有几篇可看的了。

胡先生也常向我说："郭沫若早期的新诗很不错！"他并且告诉我一个故事：有一次在一个宴会上他称赞了郭沫若几句。郭氏在另外一桌上听到了，特地走了过来在胡氏脸上kiss了一下以表谢意。如今胡氏早已长眠地下，郭氏年跻耄耋却仍在大作其诗，但是以胡适的标准来看，郭沫若后期的诗就"很错了"！将来他地下若逢老朋友，恐怕胡适之也就要拒吻了。

当年一般欧美留学归来的绅士诗人和学者们，事实上其社会行为与他们同时的左翼文人也大致相同。古人评严子陵"五月披裘"这一雅事，说："一着羊裘便有声，盛名直度到如今。当年若着蓑衣去，烟水茫茫何处寻？！"试问严高士，老大个热天，翻穿着皮袄，热得一头汗，究竟是什么意思？

比严渔父晚生两百年的诸葛农夫却另有一套。这位"苟全性命于乱世，不求闻达于诸侯"的卧龙先生，生于"乱世"他不到深山大泽的老河口去"苟全性命"，却偏要留在四战之区的南阳来"躬耕"，真不怕敌机轰炸！

一九二七年春，北伐大军席卷东南，新局势的诞生已是必然的事，这时留美归国，头角峥嵘的蒋廷黻、何淬廉二博士在外交部王部长公馆内，枯候二小时等待接见。他二人为使王部长"轻松起见"，便"开门见山先告诉他：我们不是来找工作的"（见《传记文学》三十卷二期第一二九页谢锺琏译《蒋廷黻回忆录》。此一故事笔者亦亲闻之于蒋、何二先生）。试问这两位"五月披裘"的高士，不是找工作而来，究为何事？他二人后来都先后靠拢，位至台阁，老年退休，还不愿说老实话！

适之先生比起他的朋友来，就"高风亮节"得多了。他老人家也有"欲"，但是他是"三代以下人"，其欲不在"利"而在"名"。胡先生对他"身后之名"的注意，实远甚于他生前的心脏。他老人家晚年在学术思想上不能充分地自我解放；相反的，在某种程度上却自我奴役。最后还说："不觉不自由，也是自由了。"以那一点点可笑的阿Q心理来自我解嘲，也都是为名所累。

以春秋责备贤者的态度来看，胡适之和曾国藩实在是一流的人物。曾文正公为着身后之名，连给儿子写信都没有自由。他的有名的《字谕纪泽儿》哪里是给"纪泽儿"看的啊！他老人家是写给我们《曾文正公家书》的读者们看的呢！"三代以下唯恐不好名！"我国有为有守的传统士大夫都好名，尤其好身后之名。这真是我们传统文化的美德。因为好名的人一定"要脸"。"要脸的人"与"不要脸的人"之间的道德差距就有天堂地狱之别了。

就因为看重身后之名，所以胡适之对那些足以为他传身后之名的"文人"，尤其是那些和他有同样"考据癖"的文人真是礼遇备至。他回台湾之后，连那个大学刚毕业的小李敖他也要去惹他一下。结果胡公羽化之后，李敖反叫他一声"小嫖客"，这也该是胡氏生前所未曾逆料的吧！

三二

胡先生那时和"白马社"的关系，问良心倒不是为着"名"，因为那里是无名可图的；虽然"身后之名"这一念头，他也不全然就未想念过。他喜欢"白马社"，倒确是他的"娱乐"和"兴趣"之所在。胡先生最喜欢读新诗、谈新诗，和批评新诗。而白马同仁竟是一字号的新诗起家。他们厚着脸皮彼此朗诵各式各样的新诗。这些白马诗人中有稚态可掬的青年女诗人心笛（浦丽琳）；有老气横秋的老革命艾山（林振述）；有四平八稳"胡适之体"的黄伯飞；也有雄伟深刻而俏皮的周策纵……

在老胡适的仔细评阅之下，心笛的诗被选为新诗前途的象征，"白马社"中第一流的杰作。作者是个二十才出头，廿四尚不足的青年女子。聪明、秀丽、恬静、含蓄。诗如其人，因而新诗老祖宗在她的诗里充分地看出今后中国新诗的灿烂前途。笔者试选两首于后，以示胡适之心目中的所谓"好诗"：

等闲

站在楼头眺望
盯着醉了的光
哼起小曲
安闲
任风发共荡

数数昏睡的星
笑听风打夜窗
不在意的刹那
多少东西跌落了

镜中
我看到
有千军万马
驾着春夏秋冬
挥策急跑
擦过我的颊额旁
留下怪图样

喜 遇

比祥云还要轻
喜悦
在静极的田野上
起飞
似一束星星
抚过一架自鸣的琴

昨日下午
碰见你
清湖的眼睛
隐显中
漾起雾幻诗
浪散出不知名的字

一九五六、八、二七

心笛的诗的意境颇有点像美国女诗人安摩莱·迪根孙。胡适说她好，至少是不坏。服人之口也服人之心。但是老胡适却和我们的老革命艾山过不去。他说艾山的诗"不好"。"不好"的原因是它令人"看不懂，也念不出"！可是坚持只有"看不懂，念不出"才是"好诗"的艾山不服气。拥护艾山派的阵容也不小，大家纷起与老胡适辩难。他们甚至说"新诗老祖宗"已落伍，思想陈腐，不能随时代前进。艾山是闻一多先生的得意门生。闻氏生前就曾推许过"看不懂，念不出"的艾山体是"好诗"！

这是二十年前纽约的新诗作家们与胡适之先生一场辩论。两方各不相下。胡先生坚持好诗一定要"看得懂，念得出"。其实那时胡适所不喜欢的"看不懂，念不出"的诗，比起今日余光中一派，那真是既看得懂，又念得出呢！所以今日胡适之如泉下有知而听到了余派的新腔，他一定会在南港地下大敲其棺材板，要把余光中找到他棺材里去谈一谈呢！

下面那一首便是那时"看不懂，念不出"的艾山体的代表作：

鱼儿草

朋友对我讲失恋的
故事我说譬如画鱼
明窗净几
脑海里另植珊瑚树
移我储温玉的手心
笔底下
掀起大海的尾巴
鳞甲辉耀日月

缀一颗眼珠子 一声叹息
添几朵彩云
借一份蓝天的颜色吗
梦与眼波与轻喟的惜别
水是够了
忘却就忘却罢
我卑微的圈子内 生或死

都为装饰别人的喜悦

——《暗草集》之二

三三

由于适之先生对"白马社"里新诗的评语，笔者因而对胡氏早年所受西洋文学——尤其是美国文学的影响有着更深一层的认识。周策纵先生认为当年胡氏提倡"文学改良"是受当时美国文学改良运动的影响。这一论断，大体是正确的，但是不够完备。

我个人认为胡氏所倡导的运动——至少是那个"文学革命"的口号——是直接受了"辛亥革命"的影响。既然政治可以"革命"，文学当然也可以"革命"。政治革命是打倒清廷专制；文学革命是打倒文言独裁。可是胡氏所提倡的"文学革命"，"革"的只是技巧和文体的"命"，他并没有要"革""内容"的"命"。文以载道——当时的胡适之、梅光迪、任叔永，乃至后来加入的陈独秀，都没有把这个"道"字说清楚！殊不知胡氏当年所提倡的"文学革命"的内容，事实上却是当时美国文学革命中的"革命对象"！

在胡适留美期间（一九一〇——一九一七），美国文学还未能完全脱离西欧文学——尤其是英、法文学而独立。虽然那时已产生很多所谓"乡土文人"，但是美国的经院派，尤其是"哈佛派"里的作家和批评家仍然以英法留学生为主体（费正清先生就是美国留英学生的最后一辈），他们盘踞要津。"常春藤盟校"之内的崇高位置，土作家们是打不进去的。那些睥睨一切的英法留学归来的大学阀、大文阀，对当时英国和欧洲大陆的"绅士作家"（genteel writers）可说是奉若神明，而对美洲出产的土包子文学是不屑一顾的。其情形和我国二三十年代间胡适之、徐志摩、梅光迪等在"南高""北大"之内,皮椅高坐,烟斗横衔的欧美留学生瞧不起周树人、郭沫若、胡秋原那些土文人很有异曲同工之处。他们开口浮士德,闭口易卜生。那些不懂蟹行文的土包子,最好闭起鸟嘴。因此当时美国文学有一种所谓"缙绅传统"(genteel tradition)。这些绅士们板起道学面孔,摇头摆尾,恨不得做白金汉宫御膳房的茶房才过瘾。读起文学来如中国文学上的"贾宝玉初试云雨情""母夜叉卖人肉"一类的故事,都被认为是诲淫,有损少年——尤其是少女——身心的。所以经院派作家们认为正当的上乘文学作品应该是"少女可读"的四平八稳的缙绅文学!

胡适之的文学观,正是这一派!胡氏所提倡的"八不主义"只是纯技术性的"改良"。至于文言文学的内容,胡适之并没有要求它扫地出门。可是这时的美国文学改革运动,对文字技巧上却没有太大的争执。他们争的是文学的内涵,是以美国社会背景为主题的乡土派文人向经院派革命的斗争。换言之,所谓美国文学改革便是这批洋、土二派的攻防战。是土派文人向爬满长春藤高墙的封建崇欧的文学堡垒的攻坚战!所以胡适之当时在中国虽然是个披坚执锐向昏庸腐朽进攻的革命斗士,他在他的美国母校里却是个躲在长春藤高墙之后的当权派的帮凶,是美国文学革命里应受清算的对象!

三四

笔者本人在哥大的主修为"美国史",我在美国史料里读到黑奴贩卖(slave trade)的真实故事真为之毛骨悚然;有时读到有关华工的苦力(广东人称为"猪仔")贩卖(coolie trade)的惨史,每为之掩卷流涕。孙中山先生的两位叔父据说便在这种苦力贩运中不知所终的。再看那一八八一年以后一连串"排华法案"下，华工在美所受的暗无天日的虐待；受鞭笞、遭屠杀之外，夫妻父子有四十年乃至终生不得一聚者。甚至孙中山先生流亡过境也得坐牢一番。读起这些血淋淋的史实，真为之怒发冲冠。加以笔者本人亦以打工关系——从"蓝领"到"白领"——加入华侨苦力行列有年，目睹那时美国移民官吏之横暴，白种流氓歧视华人之无理，以及华裔苦力猪狗不如之惨状，真是触目惊心！

笔者自恨无杜子美百一之才，否则我把这些血泪的故事谱入诗篇，真比"三吏""三别"不知要惨痛多少倍！

奇怪的是这些血淋淋的故事在中美学人笔下竟轻描淡写而过。更奇怪则是美国留学的归国学人，跟着洋人屁股之后把我们自己"扶清灭洋"的"拳匪"，却骂翻祖宗八代，真是不可思议。笔者曾把名学者费正清教授一本小书的"引得"数了一数，其中提及华人"排外主义"（Chinese anti-foreignism）二十余条。而美人排华主义则一条没有，是何言欤？！

可是最令我感觉遗憾的，却是美国排华最高潮之时，正是胡适之、梅光迪、任叔永、陈衡哲……"常春藤盟校"之内诸位中国少爷小姐"唱和"最乐之时——也就是中国的新文学呱呱坠地之时。他们在"赫贞江畔""辟克匿克"，"唱个蝴蝶儿上天"之时，他们哪里知道，遥遥在望的"赫贞江中"，爱利丝小岛（Ellis Island）之上，高墙之内，铁窗之后，还有百十个他们的血肉同胞，正在辗转呻吟！他们哪里知道重洋之外，四邑之内，望夫台上，不知有多少青春少妇，衰亲弱息，正在思夫念子，望断肝肠！

我们"新诗"的诞生，不诞生在"吏呼一何怒，妇啼一何苦"为民请命之中，她却降生在美丽的江边公园之内，那儿有"两个黄蝴蝶，双双飞上天。不知为什么，一个忽飞还。剩下那一个，孤单怪可怜，也无心上天，天上太孤单！"

试问诗人们，你们这时正在"名花倾国两相欢"，难解难分之际，"孤单"些什么啊？

再者，正当我们这些开风气的青年诗人们，蝴蝶纷飞之时，美国那个炽烈的社会运动——"人民运动"（Populist Movement）余波犹在。先前也在美国跑来跑去的孙中山先生就未看到一只蝴蝶。他老人家的注意力却集中于亨利·乔治所讨论的"贫困与进步"（Poverty and Progress）。仁心仁术、志在救国救民的孙中山先生和这些风流倜傥的少爷小姐们比实在就伟大得太多了。可是这些从"长春藤"高墙之内训练出来的公子哥儿们"学成归国"之后，一个个都向政府靠拢做起官来。这样要孙中山先生所手创的革命党不受其累，岂可得乎？！

笔者作这些妄论，并无意厚诬前贤。我们这一辈如早生三十年加入他们的行列，其结果还不是一样吗？人都是人，但是形势比人强，有几个人能不随波逐流啊？！

虽然如此，胡适在中国文学革命上的历史地位仍然是永远打不倒的。其原因便是文学革命原来是和政治革命一样地有其"阶段性"。次一阶段的"革命对象"往往却是前一阶段的"革命元勋"。在现代世界文学发展史上，中国文学的发展原比西洋文学的发展迟了一个阶段。因而胡适之这个美国文学革命运动中的"反革命"，回到中国，正好"阶段"巧合，因而一举成名，竟做了中国新文学运动中的"革命元勋"，岂不是时也运也乎哉？！

胡适之更运气的是中国新文学运动，由于二三十年代中国政治的过度激荡而走火入魔，新文学变成了政治的附庸，反对绅士文学的青年作家们也都变成了政治的牺牲品。他们不特牺牲了他们的创作自由，有的甚至牺牲了他们满腹才华的生命。

六十年来的"新文学"，说穿了实在只是一群所谓"新文学家"们自己的玩意罢了。"绅士文学"固然为绅士服务；现存的所谓"工农兵文学"就真是工农兵之所好吗？那不过是善于表现的文士们的自我陶醉而已，与工农兵何有？

"不废江河万古流！"一种新文学的成长是有其江河长流的自然趋势。自我封赠或下圣旨强迫执行或制止，都是徒劳。中国新文学运动中针对胡适、徐志摩等绅士文学的"反对派"始终没有形成气候，就是因自我陶醉和圣旨太多的缘故。以下圣旨制造的普罗文学，来反对那自然形成的绅士文学，就变成抱薪救火，绅士的生命反而被其无形中延长了。五十年代的"白马社"和晚近港台诸文派，事实上都是在"胡适的幽灵"默佑之下，该死不死的"缙绅传统"的延续！

老友夏志清先生送我一本他最近出版的文集——《人的文学》。其中他和颜元叔教授笔战的那一章——《劝学篇》——就很显明地描绘出两位"绅士打架"的战况。以前有两位年逾古稀的乡绅，忽然意见不投打起架来，把靠他二人通力鼎助的县太爷急得手足无措。但是那在一旁观战的穷秀才则知道闹不出人命。这秀才因而作了首诗送呈这位县太爷，说："寄语知事休惶恐，二老挥拳例不凶！"试问这生于洋场之中，长于妇人之手的夏、颜二位长春藤老博士的绅士内战，能打出个什么名堂呢？

晚近海内外的所谓文艺论战，盖均可作如是观。在胡老先生九天之灵的庇护之下，这些绅士挥拳，是打不出人命的！

三五

胡先生在当年的"白马社"内虽然以评论新诗为娱乐,他晚年已经不作新诗了。如果笔者记忆无讹的话,胡氏最后一首诗便是一九六〇年秋与钮永建先生路过冲绳岛,他劝钮氏参加我们"口述历史"的那一首"旧诗"了。

"白马社"里欢喜作旧诗的人也不少。不过大家不愿作。不愿作的原因就是因为胡适之曾说过旧诗只是一种"文字游戏"而已,不是"文学"。再者这种"游戏"也只有曹禺的舞台上所点名的"翁之乐者山水也"的"翁"们才去"游戏"的。打网球、跳狐步的人总以少"游"为是,所以大家不作。

可是在文学上,旧诗亦有其新诗不能代替的地方。例如旧诗可"哼",而新诗不能。景兰江老板可以一面刷头巾,一面哼"清明时节雨纷纷",自得其"咏吟之乐"。要是艾山的"梦与眼波与轻喟的惜别",景老板刷头巾时就"哼"不出来了。

那时笔者便曾向胡先生抱怨新文学"看得懂,背不出"。去国日久的华侨,故国之思愈深,愈欢喜背诵点诗词和古文。笔者与许多老留学生和老华侨——甚至许多台北一女中、二女中毕业的太太们——谈起来,大家都有同感。夜深人静,一灯独坐,念他一篇《秋声赋》,真是故国庭园,便在窗外。"文化"者,"文"而"化"之也。读斯"文"而与之俱"化",大概就是我辈心目中的所谓"祖国文化"罢!此时此际,如果把徐才子志摩的《我所知道的康桥》也照样温读一遍,其味道就不一样了。

有时我把这些感触说给胡先生听,他也往往半晌不知所答。他那位老寓公,古文、诗、词,出口成诵。孤灯清茶,闲对古人,原来也是他老人家的乐趣啊！

再者，才有四十年生命的新诗，究属青少年。它对中年以上的人所日益增多的感慨的表达，有时反而不若有公式的旧诗表达得深沉，所以"白马社"里这一类的"游戏"，亦偶一有之。当时表现得最有成绩的要算是女诗人何灵琰以及和她同唱（包括旧剧）同和的丈夫黄二颖了。灵琰有个未发表的《琬琰集》。其中旧诗词数十首，在我们看来简直是"excellent"（卓越），在胡先生的标准里虽然只算是"acceptable"。

以下两首便是她的代表作：

送友返里

日暮风沙画角摧，临行休作楚囚悲。

消息明朝随雁至，愁乡今日共君回。

天南知己平生少，乱后人情百念灰。

握手河梁容易别，无言相对几停杯。

无寐感怀

赁庑浮槎心力殚，不从春梦话辛酸。

萍飘嫩绿垂垂尽，逝水流红息息安。

幼女灯前知问字，慈亲堂上喜加餐。

宵深渐识愁滋味，怯枕扶头强自宽。

胡先生认为灵琰这些诗词也"不好"，因为照他的评法，纵使不是"无病呻吟"，也是"陈言未去"，没有充分表达作者自己的灵感，而用典故来堆砌，怎能算得是"好诗"？不过胡氏评他自己《尝试集》里的旧诗词也只是个"acceptable"。灵琰蒙其"accept"一下，已经是大喜过望了。

胡先生不喜欢旧诗词，我们都无话可说，视为当然。不过笔者倒为胡氏的另一句评语说得大惊失色。胡氏特别欢喜郑孝胥的律诗。他说："律诗难作啊！要作到像郑苏戡那样的律诗要下几十年的功夫啊！"

这句评语，老实说，我个人听了真如晴空霹雳。笔者幼年在家中也曾学过旧诗，等到进了中学便再也不作了。不作的道理就是看胡适的书所受的影响。不特此也，笔者大学毕业后当中学教员，并且把胡适的"文字游戏"等一类的理论灌输给我的学生。

我问胡先生："你不是说旧诗不是文学吗？"

"旧诗怎么不是文学？"胡先生说："李白、杜甫作的不都是旧诗？"

"你不是说作旧诗是'文字游戏'吗？"

"现在的人不用现代的语言作诗而用古人的语言作诗，不是'文字游戏'吗？"

"你刚才不是说作旧诗要下几十年功夫吗？"我再追问一句。

"游戏得好，是要几十年功夫！"胡氏肯定地说。

"但是'游戏'和'文学'的限界又如何划分呢？"我再事追问。

胡先生为这个问题向我长篇大论说了一大堆。老实说，他那套解释甚为不得我心。我心想，像胡先生这种人，真叫"一言九鼎"。他的一言一行对青年人的影响太大了。对于作旧诗我本可以下的"几十年功夫"却给他一句话耽误了，岂不可惜？胡适对旧诗的看法，在我的体验中，他晚年和少年时期的分别是很大的。但是一经我追问他又不得不为他少年时期的言论作辩护，因而其言论就显出矛盾了。

有一次他向我谈旧诗，兴之所至他就送给我两部线装书：苏轼的《东坡全集》和郑燮的《板桥诗集》。后来我无事时曾把苏东坡的诗作个小统计，发现集中将近三分之一的诗是东坡"酬唱""宴饮"等人事间应酬之作。为应酬而作诗，算得是"文学"吗？我不禁自问而不能自答。

后来我偶尔也把"按年编次"的《杜诗镜铨》也稍稍统计一下，所得结果也和东坡诗差不多。这我才体会到诗人作诗一定要"起哄"。俗语说："一人不吃酒，二人不赌钱。"原来"一人"也不能作诗。作诗的人一定要结社作诗，大家才有兴致。那时"白马社"诸公个个都在作诗。胡适之简直变成我们义务的阅卷老师，他"阅"得也十分起劲。

这儿我们也发现了旧诗还有一点好处为新诗所无。作旧诗的人——尤其是散处各地通信往还的人，大家可以"唱和"。友朋之间鱼雁常通，一唱一和，虽千里如在咫尺，其乐融融。这一点新诗就办不到了。这种"唱和诗"虽算不得"文学"，却是极好玩的"娱乐"。

当"白马社"成立之初，我们曾假胡适之大名，"踢"千里外之朋友"入会"，所用的打油诗就是用旧形式写的。我还记得什么：

> 昔有僧玄奘，学佛去天竺。
>
> "白马"载经回，教光垂史策！
>
> 近人胡适之，留学来美国。
>
> 七载归汉土，文名撼河岳！
>
> ……

远地朋友最早被踢入会的是密歇根大学里的一批男女诗人。他（她）们多半以诗代信，尤其是多产作家、新旧一脚踢的大诗翁周策纵。他最初寄来的是他胸罗宇宙的《海燕》诗集里什么：

自从见了黄河

我的梦

便有了风波

……

一类洋洋洒洒的新诗。接着诗词歌赋如尼亚加拉大瀑布，横空而来。纽约地区"刷头巾的诗人"简直穷于应付。在这些"西湖名士"起哄之时，笔者也偶尔附庸风雅"狗尾续貂"一番。江郎才尽之时，黄河诗人辱诗征和，作不出诗来，就只好相应不理。但是策纵穷寇必追，又说我们

复信每如蜗步缓，论交略胜古人狂！

……

我们把这些诗拿给胡先生看，胡公莞尔，说周策纵可以作！你们可以多作作新诗。

策纵有奇才，多产而有功力。二十年来他寄来的诗简直是盈筐累箧。今年夏天，他又寄来墨宝条幅，弥足珍贵。我乘机要他写点有关对胡先生的诗品，亦是一篇难得的杰作（见本书附录）。下面便是他最近寄给我的——当年胡先生认为"可以作"的"旧诗"：

念德刚

我愁如海怒如潮，欲策中原万马骄。

昨夜枕边念唐勒，善鸣海外骤轻骁。

明闽中十才子之一唐泰有《善鸣集》，颇喜其集名，故以转赠。

笔者海隅荒疏，他这首诗如不加注，我还不知道有个"本家"原来还是福建省的一个"才子"呢！

在众旧诗人压力之下，在胡适之老师允与评阅之时，笔者亦曾勉力奉陪，习作旧诗。以下便是笔者自己抄在日记里的比较有系统的习作；前几首是胡先生认为"陈言未去""不好"的律诗：

旧诗习作五首

又当双燕欲来时，细玩涛笺识旧知。
一半沉思一半怯，几番欢喜几番疑。
三年我待横塘桨，千里君赢织锦诗！
为向征鸿问消息，楼头听断漏声迟。

一年又值典衣时，万卷难馕原宪饥。
嬉逐市侩穿犊鼻，忍将消息报蛾眉。
人争城北徐公美，辞夺江东杜小诗。
彼羡金吾兴汉室，我宁飘泊废相思？

千山红叶报霜时，溪畔桥头有所思。
望眼绿衣终迢绕，伤心翠袖久支离。
岂因海隅期难信，误解江南怀旧诗？
试探姮娥心底事，腕边未审夜何其。

茗冷烟残雁断时，层楼风雪转凄其。

忍教天上人间约，化作焚环瘗穷诗！

相见何如不见好，十年争了百年期？

摩挲琴剑情难禁，抱膝科头不自持。

莫看村童欢笑时，月斜楼梢感栖迟。

三更梦断疏桐影，念载魂萦未寄诗。

何堪已舍终难舍，忍向新知话旧知？

窗外寒蛩连雁起，寸肠华发两如丝。

　　这几首相当颓废的旧诗虽然是笔者一个人的"无病呻吟"之作，它也代表一些五十年代里，三十才出头的一些彷徨无主，大纽约地区中国文法科留学生的心境。在他们的心目中像胡先生那样老知识分子已经可说是"报废"了；而他们自己虽未及中年，也已面临"报废"的结果。他们有的还在读书，但是读书的目的也正是荀子听说的"古之学者为己"了。他们对祖国的沧桑之变不能说没有他们的看法，但是学然后知不足，他们的"看法"也难免充满自我挑战的矛盾。他们是失去了的一代。他们是当代中国知识分子中很特殊的一个小集团。他们彼此知道，而外界人则很难了解他们。

　　以这些人为背景，笔者那时曾写了一篇小品曰《马查理的夜总会》。这位查理仁兄平时打工过活，形单影只，生活灰溜溜地挨日而过。但是每逢周末，那些好心肠的牧师和神父们总把教堂土库门开一面，好让这些宋公明所说的"没头神"有个去处。这个"夜总会"就是查理生命中唯一慰藉和寄托了。"白马社"也者，也是我们这批"没头神"的"夜总会"。查理在他的"夜总会"里和洋孩子们打台球、跳土风舞；我们则在我们的"夜总会"内"作诗"罢了！

三六

胡适之先生不赞成我们结社作旧诗，但是他也不反对我们"习作"。习作旧诗词，照胡氏的看法是训练一个人"批评"甚至"欣赏"中国古典文学的必要阶梯。换言之，一个人如果对古文和诗词没有他所谓"acceptable"的习作基础，他不但不能"批评"古典文学，他的"欣赏"能力也要大打折扣，甚至可以说无法"欣赏"。所以"习作"是个必要的"训练"。他的重点是在"训练"二字。

老胡适一辈子未消极过。纵使在他那些"人寿保险公司已不保险"之年，他的想法仍是个积极性的，和我们在"夜总会"里的消极作风形成个显明的对照，因而有时使我想到胡适实在比我们年轻。

由于胡先生相当积极态度的影响，我们因而也想到我们这个消极的"夜总会"未始不可做一点有建设性的工作。那时哥大芮文斯教授所倡导的"口述历史"，由于贱价录音机之发明而渐次风行，因此我们也想请胡氏把四十年来新文学在中国发展的后顾与前瞻作一番总评。由他口述，我们录音整理，然后再由我们自己所编辑的一个小"侨报"——《生活半月刊》逐期发表。

胡先生对我们这一计划大为赞赏。因此我们就认真地做起来。胡氏的第一讲便是由顾献樑夫妇录音整理，再由笔者为它编排发表的（见胡适口述《新文学·新诗·新文字》，原文载《生活》第一一九期，一九五六年七月十六日，第七至八页。白马文艺社第九次月会第六次特约讲话纪录）。

可是我们这几个人小看了"口述历史"了。它不是三两个忙人以业余时间可以应付得了的。胡先生自己试过一两次之后，他也觉得这是个"职业性的工作"（professional job），不可草率从事，所以我们试过一两次便未再继续了。这可说是笔者后来与胡先生作"口述历史"的前奏。这点小经验对我们后来的工作也是有极大帮助的。

▼

传记·史学，行为科学
——回忆胡适之先生与口述历史之六

三七

胡适之先生一辈子劝人写传记和自传。他认为不但大人物应该写,小人物也应该写,因为这是一般人保存当代史料最好的方法,也是知识分子对文化应尽的责任。因此他老人家第一次向我"谈学问"也是从"传记"这一门"学问"开始的。原来,一九五二年我曾在林太乙所编的《天风》杂志上写过一篇"传记"叫作《梅兰芳传稿》。胡氏看过之后便和我大谈其"传记"来。

我记得我写那篇小文的动机原是林语堂先生引起的。有一次我们一批同学自海上钓鱼归来,林公伉俪留我们晚餐,因而谈起了他们父女在纽约办杂志的计划。林先生听说我是学历史的,就说:"你将来也可以写写当代名人的传记。"他并举出孙中山、黄兴、梁启超等名人作例子。我当时就说这些大传记他老人家可以写,我们这批无名小卒不能写。写了,也没有人看。我认为看闲书的人通常只注意两件事:"题目"和"作者"。如果"题目"既不新鲜,"作者"又不知名,那么谁愿意浪费时间去看呢?所以我向林先生说,我要写的话我就写梅兰芳、胡蝶、杜月笙……如此,则读者虽然不知道"作者"是老几,但是看在"题目"份上,也得"流览"一下!

太乙显然同意我的看法,所以在她的杂志出版时便把这"题目"登了个预告。于是我就变成胡适之所说的"逼上梁山"了。

"别的钱可以省，这个钱不能省！"他并且向我详细解释其"不能省"之道，使我大为折服。因而从那时起我也就做了该日记印刷公司的长期顾客，如今我自己的书架上也居然堆满了二十七本同样"名贵"的日记本子！一个"胡迷"，东施效颦，想想亦自觉可笑。

胡氏这批日记后来曾在我的研究室内放置了很久。一次那位读史成癖的吴相湘先生在我的书架上看到了，垂涎欲滴。不幸相湘和胡老师说笑话说重了点，老胡适的孩子脾气发作了竟然不许他看。相湘大呼负负！

后来哥大校方想把胡氏这批原稿的所有权"过户"。胡先生说："最好让我自己先edit（核阅）一下。"因而我把那一整套原稿又送还给他了。这些日记不知今在何处？执行胡氏遗嘱的机构似乎应该把它即早公开，因为胡先生生前在写的时候，早也就预备给吴相湘看的啊。

三八

适之先生和我作上述的谈话不久，《天风》就关了门，所以我的"胡适的传记"写作也就未能"试试"了。可是胡先生自己这时却正忙着替别人写传记。他那本《丁文江的传记》的写作已近结论的阶段。他把部分手稿给我看，并说了许多有关丁在君和齐白石的故事给我听，以及传记写作的方法等大道理。

试翻胡氏这两本传记，老实说，我倒嫌他老人家笔端缺乏感情，文章不够"渲染"呢！拙著《梅传》虽然是为赚林太乙的稿费而执笔的，但也不是绝对胡乱"渲染"，瞎写一泡！因为笔者那时刚读毕哥大历史系讨论史学方法和史学名著的一门必修科。侥幸及格，自觉颇有心得，因而把梅兰芳请到前台来试试我那现炒现卖的"新方法"！

传统的西方史学和传统的东方史学原有其异曲同工之处。希腊、罗马时代的历史名著原来也是文史不分的。古典史家如希罗多德（Herodotus 484 B.C.—425 B.C.）、修昔底德（Thucydides 460 B.C.—400 B.C.）、西塞罗（Cicero，106 B.C.—43 B.C.）、李维（Livy，59 B.C.—17 A.D.）等也都和我国左丘明、司马迁、班固、陈寿、范晔等一样，史以文传！乃至近代英美历史学者如吉朋（Edward Gibbon，1737—1794）、麦考莱（Thomas B. Macaulay，1800—1859）、格林（John R. Green，1837—1883）、韦尔斯（H. G. Wells，1866—1946）、丘吉尔，和笔者的老师芮文斯、康马杰等也都是英语文学里有地位的作家。那时我在课堂上便时时听到一些颇有文采的老师把当代一些有"史"无"文"的作品选出来作为批评的对象。若辈所言可谓深得我心，所以笔者才不揣浅陋也把林语堂的"性灵"搬上了梅兰芳的舞台；以"性灵文学"来配"梅郎传奇"不是天生一对、地生一双吗？笔者的大胆虽是画虎不成，多少也是个"尝试"。

可是胡先生认为写传记一定要像他写《丁文江的传记》那种写法才是正轨。后来我细读丁传，我仍嫌它有"传记"而无"文学"。他那编写的方式简直就像我在中学时代所读的《范氏大代数》。我虽然并不讨厌《范氏大代数》，但是我总觉得《侯生列传》的文体比《大代数》的文体要生动活泼多了。"无征不信"先生和"生动活泼"女士为什么就不能琴瑟和谐，而一定要分居离婚呢？我就不相信！

再者，二次大战后的西方史学已经走上所谓"以社会科学治史"（social science approach）的途径，因而当年专搞帝王将相的名史学家像哥大老教授卡顿·海斯（Carlton J. H. Hayes，1882—1964）【2】这时已不太叫座。所谓现代史学已经由研究"英雄" 转而研究"时势"，而个人英雄们所造的时势——也就是海斯教授所着重的政治史——已退位让贤。那制造群众英雄的时势——也就是社会经济变迁史——则由一次大战时的旁门左道一变而为二次大战后的史学主流。

所以要写一个"英雄"的"传记"首先就要找出这位英雄成长过程中的社会背景，写传记的人如果把他的英雄和社会"隔离"（alienated），那这英雄便不再是个活人，他只是"蜡人馆"里的一个"蜡人"罢了。

这种把英雄和社会一道写的办法也不一定就是"现代派"里时髦作家的新发明，上品古典著作里也所在多有。司马迁写《伯夷叔齐列传》只用短短的一千字，他便能把这两位自甘饿死的迂夫子本人一生的故事，和他二人出身的政治社会背景，以及传记作者所要说的话，天衣无缝地糅在一起，和盘托出。这才是千古奇文！不愧为两千年来东方"传记文学"的第一篇。笔者幼年随家人写春联，就欢喜写"文章西汉两司马"，年长读闲书也总是把《史记》放在"三上"之列。愈读愈觉司马迁的史笔是天下无双，真是虽不能至，心向往之！

再谈胡先生的《丁传》罢。他老人家用最严格的"科学方法"——"小心求证""言必有据""无征不信"……最后果然把丁在君这位蜡人雕塑得须眉毕露，惟妙惟肖！但是在熟识他那十万字大文之后，一个现代派的西洋史学家就要问："你想证明些什么呢？"（What do you want to prove？）

一个有现代史学训练的中国学生也可以问一问："胡老师，您的'科学的治学方法'真是严格极了。但是你用这些'方法'所'治'的究竟是什么'学'呢？'"这样一问，可能胡老师就要发急了。真的，"方法"之外，史学上还有些啥子，他老人家也不太了了。《丁文江的传记》便在这个"不太了了"的情况下执笔的。

"历史"原是胡先生的"训练"，但是他老人家在这一方面的"训练"是太"传统"了（我不敢说是"守旧""陈腐"或"落伍"）。但是在这方面我和胡先生辩论是适可而止的，因为辩论是没有用处的。

笔者幼时便听说我族中有个老祖父，他老人家每年批拨儿女学杂费时，总要把女孩子的预算上的"游泳衣"一项"划掉"。女孩子们气死了，背后把这个老头子形容成"顽固""守旧""陈腐""落伍"……但是"游泳衣"还是买不成。后来她们聪明了，把"游泳衣"改写成"夹层连衫围裙"，这一来老祖父欣然同意，合家皆大欢喜！

我们那时和胡适之这位"老祖父"往还，我和他老人家厮混得太熟了，知道老祖父的脾胃，所以我最多只要买一条"夹层连衫围裙"。吴相湘先生就一定要买"游泳衣"，所以胡适日记真迹他就看不成了。

三九

什么是现代派史学呢？

现代派史学家治史，简单点说，就像一般游客到钱塘江口观潮。观潮的人要看的是横空而来、白浪滔天的海潮。至于那些在潮头上摇旗滑水的"弄潮儿"，只是点缀而已。究天人之际，通古今之变，是重在潮的本身，而不在潮上面人为的表演。如果观潮的游客不看潮，只看"表演"，那就是三尺之童的兴致了。

所以在现代派史家看来，文武周公孔子秦皇汉武……都不过是弄潮竖子而已。他们在潮头上的"功夫表演"，奚足深究？！

这一派史学原是西洋宗教改举以后所产生的"不断进步论"（continuous progress）或"无休止进步论"（endless progress）的余绪，原是西洋史学上的偏锋。可是在十八世纪以后，法国大革命和工业革命相继发生，人类的社会生活发生了前所未有的新波澜。为检讨这一新波澜所发生的当然和所以然，社会科学乃尾随自然科学之后应运而生。再者"自然科学"充其量不过是一门研究"物"的科学；而"社会科学"则反而变成更重要的，研究"人"的科学了。

十九世纪的欧洲真是人杰地灵。社会科学家专才辈出，人类的社会生活和文化生活从此也就顿改旧观，步入了一个崭新的时代。经过马尔萨斯（Thomas Robert Malthus，1766—1834）的《人口论》、理嘉图（David Ricardo，1772—1823）的《劳工论》、达尔文（Charles Darwin，1809—1882）的《进化论》、马克思（Karl Marx，1818—1883）的《资本论》、赫胥黎（Thomas Henry Huxley，1825—1895）的《天演论》……等社会科学著作的精辟阐述，则人类群居生活各方面就无一而不可"论"了。既论之后，学者始恍然大悟，原来人类的社会和人类的躯体一般，也是个有机体；它的生老病死、喜怒哀乐，也不是就捉摸不定的。它亦有其发展过程中的"生理"，和枯萎过程中的"病理"。

社会科学大放光明之后，那位对达尔文的"'适'者生存，优胜劣败"的高论感到由衷敬佩的青年胡洪骍，也就改名"适"了。

胡博士读《天演论》也有独到的心得。赫胥黎叫了一声："拿证据来！"胡适一听，大有道理，因而也跟着大叫——自北大红楼一直叫到台大礼堂，叫到死为止！

社会科学大矣哉！它影响所及，奚止胡洪骍一人？二十世纪的历史学者——少数"老祖父"除外——谁能不受其影响？！大家一窝蜂地把"社会科学"搬进"历史学"里来喧宾夺主，就变成"以社会科学治史"的现代派史学了。所以现代学派里时髦先生们治史学，直如"通用汽车厂"造汽车，花样是日新月异的——笔者以前就知道一位青年要用

"电脑"来研究郭嵩焘！但是吾人如认为他们只有"花样"而没有"汽车"，那也是错误的。没有汽车，台北街头怎会有今日的繁荣？！

胡适之先生这个"新"文化大师，何尝反对过"以社会科学治史"？只是胡公的"社会科学"还停滞在赫胥黎阶段罢了！赫胥黎在六十年前是个"新玩意"，在六十年后就是个"老古董"。"老祖父"玩"老古董"，他对女孩子们穿游泳衣当然就看不顺眼了！

"拿证据来！"谁敢反对？这是"拿绣花针"的最原始的训练。但是它只是研究历史的"必要条件"，却不是"充分条件"。它可以在"乾嘉学派"里的经生们所搞的"考据学"和"训诂学"里"充分"发挥其功能。它也是西洋传统史学所搞的圣经"版本学"（textual criticism）和"历史语言学"（historyical philology）里所必守的戒律。（胡先生即常用上述这两个英文词语来翻译"训诂学"这一中文名词。）可是"拿证据来"先生本身最多只是一种"古事研究学"（study of antiquities）或"考证学"（empirical studies），是"方法学"（methodology）的一部分而不是"历史学"（historiography）的本身。

适之先生在史学上的弱点便是他老人家"因噎废食"，过分着重"方法学"而忽视了用这"方法"来研究的"学"的本身。一个史学家如果搞来搞去搞不出"拿证据来"这个圈子，那他的史学研究的范围也就很狭隘了。晚年的胡适之所以搞了十多年的《水经注》，也就是这个道理！

《水经注》如果让我辈小子来考据考据，说不定还可混个把学位。那已经有三十五个博士的老胡适也来搞，岂不是大材小用了吗？胡适之大的问题不去搞，为什么一定要搞何炳棣所说的"雕虫小技"呢？无他！《水经注》就是一门最标准的"拿证据来"的学问。胡先生搞历史，搞来搞去也只能搞点"拿证据来"的历史。晚年退休无事，正如铁镜公主所说的"阴天打孩子，反正闲着也是闲着"！有"读书习惯"的胡博士也就捡个《水经注》来以遣老怀了！

四〇

胡适之先生以科学方法治史，为什么在赫胥黎学派以后便无法"跟进"（keep up）呢？最重要的原因——笔者前文亦稍有论述——便是他对"经济学"这门重要的"行为科学"（behavioral science）的知识是一团漆黑，而现代史学近百年来一马当先的正是"社会经济史"（socioeconomic history）这一派！

"经济学"是十八世纪以后才兴起的第一门社会科学，也是人类知识史上一门崭新的学问。经济史家——尤其是偏向经济史观的学者，认为传统史学过分看重政治故事了。其实"政治"不过是"经济"的附庸而已。经济学者们老王卖瓜，自卖自夸就逐渐地搞出个"经济决定论"（economic determinism）来。

马克思也是个经济学者，他搞起来就更为专门化了。他认为"经济决定论"还不够彻底，他搞的是"生产关系决定论"【3】。

什么是"生产关系"（relations of production）呢？那就是社会上出劳力的"生产者"和掌握生产工具（包括"资本"）的"所有者"之间的"关系"。这个关系的发展便决定一个社会的"形态"；某种形态的社会便产生某种社会所特有的诸种社会观念和文物制度。"关系"一变则社会"形态"随之而变；"形态"一变则该社会内一切社会观念和文物制度也随之而变。一变百变，而万变不离其宗！所以"生产关系"是万物之母，人类社会生活上一切形而上、形而下的东西只是依附在这个基础之上的"上层建筑"（superstructure）。

不特此也。马氏认为人类社会"形态"的递嬗是有其固定的程序的。那便是由原始公社一变而为奴隶社会、再变而为封建社会、三变而为资本主义社会、四变而臻于各尽所能各取所需之最后社会形态。这种演变是循自然之常规，是不随人类之意志为转移的，而促成这些变动的原动力则为生产关系双方决斗的结果！

八千年来人类社会生活的演进就真是如此这般规规矩矩发展的吗？还是这只是三千年来白种民族社会生活经验的概念化呢？古埃及三千余年历史发展的经验便显然与这个系统表大异其趣；而过去三千年的中国社会经济的演变与这个系统表是否配合呢？六十年来的中国历史学者就"公说公有理；婆说婆有理"了！胡适之先生就是这个公婆反目，老夫妇大打出手活剧中的一个"老公"。

胡适基本上是个哲学家。他和马克思一样，刚搞哲学时他二人都是"黑格尔迷"。笔者不敏，初入大学时，"情窦初开"，读了两本黑格尔的小册子也便想转入哲学系，因为黑格尔对青年大学生来说，实在是很迷人的。

可是胡、马二位后来都对黑格尔失望。胡氏乃自保黑重镇的康奈尔，转到纽约投入杜威门下。马克思读通了李嘉图，便加入了新兴的经济学阵容，把黑老师五牛分尸，另搞出一套马克思的思想体系来。这位叛黑的老马，使出德国骡子的蛮劲，非把问题彻底搞清楚，誓不甘休。

唉！这就是德意志学派的长处；但是这也是德意志学派短处之所在。他们做起学问来，打破沙锅问到底，虽千万人吾往矣！最后必然要搞出个"绝对正确"的结论。真所谓一意孤行，蛮干到底！他老人家这样干出的答案，你这位身在茶馆，手执鸟笼的牛皮客，说风凉话，笑他不对，他能不同你拼老命？！

笔者有个老同学替一位德裔八十岁老教授做研究助理，就时常摇头太息，感觉到"中国人不能做学问"！因为"中国人身体不行"！

"你这样红光满面……"我说。

"我？"他笑一笑，"我干了八小时已经疲惫不堪了……"

"他！"他又把手一指，"八十多岁，一天还干十几个小时！……身体又好，活得又长，我们怎能跟他们比？！"

其实马克思这位老日耳曼，身体并不好，活得又不长，他还是要干十几个小时一天，干到死为止。我们善于太息"生也有涯而知也无涯"的华裔中产阶级的知识分子，实在是不能和这些老日尔曼较量工作效能啊？

笔者以前在美国工厂做工时也听到一个美国工人打趣德裔工人的小故事：有一次一个大工厂内丢掉一根绣花针，全厂各族工人皆在找而遍找不着，最后被一个德国工人找到了。原来他用粉笔把工厂厂地画成方格子，他一个格子、一个格子里去找，最后果然在一个格子里找到了。这虽然是一个故事，但是也可看出美国一般工人对德国工人的印象。

可是有其长者，必有其短。一位爱尔兰老工人便告诉我他喜欢德国、痛恨英国，因为他祖孙父子"抗英"已抗了好几代。但是他在纽约做工则绝对不要与德国人结伴，而喜欢与英国人为伍。为什么呢？那就是英国人比较"随和"（reasonable）而德国工人则比较"不讲道理"（unreasonable）。

一位美籍德裔学者也曾告诉笔者他战前的故乡是如何的美好；战役重访，只见一堆瓦砾。一九六〇年他再访故乡时，则故乡比战前更好。何以故呢？他说那是全镇居民于战后决议，每人于每星期六贡献一天从事公共建设，十五年如一日的结果。这是战后整个德国重建的铁的事实，岂只这位仁兄故乡一镇而已？！耳闻目睹，不得不令人对日尔曼民族脱帽致敬！

所以吾人要了解这一派的现代史学，第一就要了解他是十九世纪德意志学派里滋生出来的生力军；有其绝对的长处，亦有其绝对的短处。第二也要了解它基本上是十九世纪的学问。那个十九世纪的"社会"还不能够提供充分的社会资料来证明它的"科学"里所提出的"结论"。

四一

可是胡先生治史最大的弱点也就是他以偏概全。第一，他把这门新兴的学问完全当成玄学来处理而忽略了它"社会科学性"的另一面！第二，他把强调"生产关系"这一派当成"社会经济史学"的全部而加以轻视；第三，是他传统士大夫的头巾气，只重正统学说，对他们的抗议，充耳不闻，认为"不值一驳"！

一九六四年秋初，笔者有幸得与一些华裔史学界的巨擘在伦敦联床夜话，如果记忆无讹的话，那时杨联陞先生便说"社会经济史"是今日史学的主流。事实上孙中山先生和"民生主义"里提到的那个威廉博士〔4〕，以及他二人所相信的"历史的重心是民生"这一概念，也是从经济史观这条道路上出发的。

不幸的是，这门学问一开始便和社会革命搞在一起。革命的口号往往是危言耸听，过分夸大的，因而它惹起经院派学人的反感和歧视。

社会经济史学之束缚，原是一批小革命家于一次大战后自欧洲大陆带回来的。那时的欧洲是疮痍遍地而标语满墙。那批留欧的小先生们既不勤工，更不俭学。但是搞起社会革命来，则个个人都满腹经纶。在巴黎街头抄下了一条条的革命口号，回到祖国个个都变成中国社会问题的专家了。谓予不信，读者试翻王礼锡所编的《社会史论战集》就可知道

〔5〕。胡适之一派有正统训练的经院派经师博士们怎能会瞧得起他们呢？城门失火，殃及池鱼，因此后来在北大授社会经济史的名教授陶希圣也被胡适派挤得靠边站，薪金上也打了大折扣。这也是陶希圣先生亲口告我的。

再者社会经济史学的兴起究竟为时太短，根基不厚。不积小家之细流，焉能成大家之江河？它和正统史学比起来当然也显得幼稚了。但是如硬说穿游泳衣的浮薄少年就一定不如穿长袍马褂的老祖父，那就忘记时代了。他们将来也会娶妻生子传宗接代的。还有，这一派的掌门人如老马者流也是下过"格子功"的。他们"大胆假设，小心求证"的深度也不在正统史学家之下。骄傲的胡藏晖岂可因为瞧不起李鬼就连李逵也瞧不起了呢？

事实上胡适早年被郭沫若这个"李鬼"砍了一板斧也是这个道理。胡适谈先秦哲学也动不动就说些什么"政治混乱、社会黑暗"一类的话。郭氏就问他这个"黑暗的"究竟是个什么样的"社会"呢？答复这个问题就不是单纯的"大胆假设、小心求证"的方法学可以应付得了的了！如果一个社会科学家要把"社会"分类成各种"形态"——例如"欧洲型""亚洲型""奴隶社会型""建封社会型""部落社会型""社会主义社会型""三民主义社会型"……来研究，那么我国"春秋""战国"乃至整个东西周的社会究竟是何种"形态"呢？问此一问题的郭沫若固然是拾马克思之牙慧，但这个问题本身则是"社会科学"里的问题。

胡适对这一问题如何置答呢？我翻遍六十年胡氏一切著作就未找到一条答案。胡适和他老师杜威一样是个"实验主义"的小滑头。他知难而退，碰到这一问题他就"王顾左右而言他"，避不作答。

须知胡适之的"避不作答"，是他聪明的地方；是他"知难"。一般地避不作答，就是阿Q；阿Q就"无知"了。"无知"与"知难"其"果"虽同，其"因"就有"愚昧"与"智慧"之分了。孙中山先生说"知难行易"，便因为他老人家是个划时代的革命家，知"知"之难，而"行"反而不太难。胡适说"知难行亦不易"，就是这个白面书生深知"起而行"之不易；但是"坐而言"亦难乎其难也。

做学问是与做官不同的。抗战期间在政府里做"顾问"的便有一句话叫"顾影自怜，问而不答"！这样做官虽未可厚非，做学问就不行了。"学问"者，"学"而后"问"之也。所以要"有问必有答"。"问而不答"那就变成了学术界的鸵鸟。鸵鸟把头插进沙里去"避而不答"，但是人家不抓头就抓屁股，其结果还不是一样吗？

早期左翼批评家中，胡氏特假辞色，颇愿一答的是李季〔6〕。他对我说："批评我的书，李季写的还比较好！"好在何处呢？胡先生说："李季把我的著作都真正地看过的！"他对叶青先生批评他的巨著〔7〕，本来也预备答复的。结果为一点词句上的小意气，他就避而不答了。其实他对李、叶二位的批评可谓"笑而颔之"，不以为忤。他二位事实上搞的也只是"半部马列"，侧重"玄学"而忽视"科学"。胡适之是搞"辩证法"起家的，李、叶二位在"辩证法"上那几手，哪里难倒他呢？！

可是五十年代里大陆上的批胡运动就不一样了。那是文、法、理、工、医、农、商……各行专才，举国动员，向胡适进攻；真有百万曹兵，指日飞渡之势！可怜的老胡适这时贫病交迫，每天上市场去买菜买米，抱着个黄纸口袋，灰溜溜地蹒跚而行。街头胡儿，哪知道这个穷老头却是当时百万大军追剿的对象？！

"德刚呀！有没有新材料啊？"胡先生时常在电话内问我。我的回答总归是："有，有！多的是！"

"带来看看嘛！"

我照例把这些"新材料"按时送去。他在看，当然我也在看，一共看了足足有几百万字，真是洋洋大文！

我记得胡先生读后为之掩卷大笑的文章，是一位作者利用胡氏在北大的私人藏书，撰文批胡。他那"小心求证"的注脚所引胡适的书竟然注出"胡适自编号×××号"。

"看！"胡先生把他桌上那个金字塔向我一指说："我哪里会'自编号'呢？"言下大乐。

当然胡先生认为这百十万字的"批胡"名著没一篇搔中他的痒处！他越看越觉得人家"批"不倒他。说起来真是捻须微笑，怡然自得，大有"羽扇纶巾谈笑间，樯橹灰飞烟灭"的气概！

胡氏那种飘飘然的神情，简直是一位有道骨仙风的鬼谷子；而我这位专门替他送"新材料"的小图书馆员，也简直就变成这位老道人身边的炼丹童子。我们师徒研读之下，我的确也相信没有批倒他。你越批，他道行越高，真是胡为乎来哉？！

不过胡适就批不倒？！天下有这等事？我真不相信！

四二

其实胡适之在近代中国文化运动中不是他本身"批不倒"，而是无"批倒他"之人。

须知"胡适"是我国近代文化史上一支正规军；是学术界十项全能的杨传广。论"汉学"，他自有其"不让乾嘉"的地位。试问当代"白首穷经"的大儒有几人真能达此化境？论"西学"他也有七整年"长春藤盟校"的正统训练。试问"勤工俭学"的班子里有几个人又坐过七个月的"热板凳"呢？

金岳霖说："西洋哲学与名学又非胡先生之所长！"〔8〕然是其所长者，全中国究有几位"先生"呢？

刘文典说："适之先生样样都好，就是不大懂文学！"〔9〕且把六十年来的文学家也点点名，试问又有几个人比胡适更懂得文学？

学历史的人当然更要说胡适之不懂现代史学，但是那目空当世的"我的朋友"何炳棣就硬是说胡先生"不世出"！

真的，吾人如把当代学术著作放在桌子上排排队，我们实在不能不承认胡适之真是"中西之学俱粹"！这样一支有正统训练和装甲化配备的正规大军岂是一些"零星散匪""乌合之众""川军""滇军""辫子兵"以及任何"杂牌部队"可以动摇得了的？！"撼山易，撼岳家军难！"老胡适这支部队虽然训练落伍，装甲逾龄，它毕竟是一支打阵地战的正规部队；你没有比他更现代化的装备，更正规化的阵地战训练，你就休想撼动它的一兵一卒。

胡适这支部队"落伍""逾龄"又在何处呢？那就是赫胥黎以后的"社会科学"，它是连皮毛也未碰过的。胡先生谈话时总是用"人文科学"这一名词。我就很少听到他提起"社会科学"，更未听到他提过"行为科学"这一名词。"社会科学"是个什么东西，他不太了了。但是"社会科学"在人类知识史就等于是工业史上的"原子能"。胡适之那点陈枪烂炮——所谓"大胆假设，小心求证"等"科学的治学方法"——碰到原子武器，就难免要溃不成军了。

可怜的是近三十年来，海内海外搞"胡祸"和"批胡"的所用的武器，反是从胡适兵工厂内偷出来的更陈旧的"剩余物资"。以胡适的剩余物资来对付胡适的陈枪烂炮，那就变成二老挥拳，卖不出门票了！

四三

近六十年来我国学术界在"社会科学"或"行为科学"这一领域里的落伍，可能远甚于"自然科学"！可怕的是，学术界里"社会科学"的落伍，却正如病理学上的高血压症的滋长。病情是不显著的，杀人是慢慢来的，所以患者也就因为自己肌肉发达，红光满面，自以为健康，而对它视若无睹了。

我们在这一行道里的落伍，从胡适、郭沫若起是整个中国学术界的悲哀，并不是这派"落伍"那派就一定"前进"。大家都是黄面孔，要落伍大家一道来！事实上，近三十年来社会史学派"批胡"之所以得其反效果者，实在怪不得他们的外国老师，而是怪他们自己在"行为科学"上不争气。因为任何门派的学术，都有一套"看家本领"。行为科学没有基础则看家本领绝对学不好；自己一套看家拳法也没有，如何能上得胡阿里的擂台呢？！

举个浅近的例子：

五十年前，郭沫若不是就在问胡适东西周的"社会"是什么样的社会了吗？胡氏避不作答；但是郭氏自己回答了没有呢？曰有！那是"奴隶社会"。同时这个社会里出生的大哲学家孔丘，就是"为奴隶主服务的"！

何所见而云然呢？郭氏因而搬出三坟五典，八索九丘，金石甲骨，无头死尸等全套行头；然后再从胡适兵工厂里借来了一些陈枪烂炮——"大胆假设，小心求证""无征不信""言必有据""九分证据，不讲十分话"……结果"证据"确凿，因而就"考证"出一个"奴隶社会"来了。乖乖，郭老这一套咬文嚼字的"考据"功夫，也真"不让乾嘉"，足叹观止。

可是这一套原是胡适的法宝啊！不过胡氏运用起来却不像郭氏那样粗心罢了。胡适避不作答还可说是"多闻阙疑，慎言其余"；而郭氏则在搞"无胆假设，大心求证"。首先他就不敢对"奴隶社会"这个东西"存疑"。"有疑处不敢疑"是为"无胆"！奴隶社会是个制度；制度是个活东西，是人类群居生活经验上自有其"形态"的。郭氏对这个"形态"的"社会"初无了解，而误以为咬文嚼字是不二法门（这也就是具体而微的胡适）；结果技止乾嘉，才输胡赫，这就是"大心"了。

老实说，这些都还是小事！

须知，"奴隶社会"是建筑在"奴隶经济"之上的。奴隶经济亦自有其"形态"。再者，"奴隶"和"奴隶主"都是"人"（human beings），不但是人而是"社会人"或"有社会性的人"（social being），社会人则各有其"社会行为"（social function; behaviour）。试问孔丘所代表的"奴隶主"的社会行为为何？"奴隶"本身的社会行为又如何？

扯长了，非关本题。通俗地说，奴隶主的社会行为就是"唯利是图"；奴工的性质则是"其工非强迫不做"。做生意和开工厂农场的人都知道，图利并不太容易；迫人做工尤难，你要付出大批管理费。同时，在一个农业社会里，并不是每项农作物都可以利用奴工图利的。

就拿人类的文明社会里最近的"奴隶社会"〔10〕——美国内战前的南部诸州——为例。美国革命时原来十三州皆为"奴隶社会"；八十年后内战时只南部有奴，何也？这就是因为北部用奴工利润小，甚至亏本。南部奴工一枝独秀是因为"棉花称王"（Cotton is King.）的关系。

凡是从中国农村出来的人都知道，植棉之田，最耗劳工的工作是"拣棉花"。而拣棉花的工人，工龄最长——从五岁一直可以拣到八十五岁——一个奴工可以有八十年的工龄，利润便高了。所以植棉之外其他任何农作物的工人都不能有如此长的工龄。工龄短，则一个奴隶主对他的奴隶则幼要养其生，老要送其死。奴工们老而不死，则奴隶主就要活活地养一大群的干爹干娘了。须知，奴隶主都是天生的"利润挂帅主义者"，而我国古代黄河中游的农作物里五谷俱全，却独缺棉花。如果没有棉花的农业经济里奴工无利可图，请问我们孔夫子所维护的所谓的"奴隶主"都是些专好认干爹干娘之财主乎？这是农业经济学里的成本和利润的问题；也可说是"边际价值"（marginal value）学说里的问题，而不是"训诂学"里咬文嚼字的问题啊！

挖出几个无头死尸也不构成赫胥黎所要求的"证据"。秦始皇一下就"坑"掉四百六十个像胡适之、郭沫若这样的"儒"。如果考古学家今日把这个"坑"找到了，郭沫若不又多了四百六十个"证据"了吗？如果项羽、白起这些屠夫所"坑"的秦卒、赵卒的无头死尸再被找到了，那还了得！

再者，所谓"奴隶社会"里的"奴"是"生产奴"——是拣棉花、割稻麦的奴，而不是袭人、晴雯那一类的"服务奴"或"消费奴"。郭氏如果把"大观园"内所有的"丫环"的尸体全部挖出来，还是不能"证明""大观园"是个"奴隶社会"。何况杀"丫环"杀"小老婆"以殉葬的事历朝皆有，民国时可能还有。你能说那就是"奴隶社会"的"证据"？抑有进者，游过"伦敦堡"（London Tower）的观光客，都看过亨利八世杀"大老婆"的断头台。这几条亨利大老婆的"无头死尸"也是"证据"？

所以郭沫若在做学问上"批"不倒胡适，那就是因为在学术进展上看，郭氏所搞的基本上还是胡适那一套五十年前的陈枪烂炮！更不幸的则是郭某窃得胡氏之钝矛，而攻胡氏之坚盾；所以死适之就足以吓走生沫若了。

再者，如果一个"奴隶社会"里的"奴隶主"只看中他奴隶青壮年时期的"劳力"，而让幼小的奴隶自养其生，让衰老的奴隶自送其死，那这种"半截奴隶"就不是"奴隶"（slave）而是"农奴"（serf）了，而这种农奴的社会也就是"封建社会"了。同时这种由全奴制向半奴制发展的原动力仍是这些"奴隶主"利润挂帅、省钱省力的自私打算在作祟，而不是主奴两造斗争的结果。

郭沫若对近五十年来西方"行为科学"和"社会史学"的发展未能跟进。他只是尾随胡适之后，用胡适的"治学方法"去咬文嚼字。以银样镴枪头来披挂上阵，那就把战场当成舞台了。郭氏坚持始皇以前的社会是"奴隶社会"，始皇以后的社会是"封建社会"，这就是他对当今的社会科学"头重脚轻根底浅"，他不了解这两个社会里经济结构本质的结果。因而他所说的"封建"就既不是秦始皇所要"废"的"封建"，也不是马克思所说的中世纪在欧洲所通行的"封建"了。吾人研究社会史，连这个社会形态的定义也未找清楚，哪里能谈到研究它的本质呢？如果郭沫若也搞不清楚，那郭老以下之人，就不必多废笔墨矣。

笔者一下写了这许多，无非是想解释近三十年来海内外"批胡"运动，始终没有能把胡"批倒"的道理！

在现代中国学术思想史上，事实上，胡适是不应该批不倒的。因为人类知识的积累按逻辑应该是一天天进步的，新的知识总应该代替旧的知识。让少数人终身领导，这个社会是不会有进步的，何况胡氏"中学"也止于"乾嘉"，"西学"亦未超过"赫胥黎"呢？可是吾人如把"批胡"各派学者也请出来点点名，就发现他们还不如胡适。胡适的长处他们未学到，胡适的短处他们全有！基本上大家都还未跳出十九世纪西欧社会科学的水平。赫胥黎以后，将近一百年的行为科学的发展，在我们祖国几乎是一张白纸。所以近几十年来胡适和批胡者的文化内战，事实上参战双方都只是利用些十九世纪的陈枪烂炮在互轰！

　　胡适这个"但开风气"的"启蒙大师"哪有"批不倒"之理？只是在批评他的阵营中竟落伍到找不出一个批倒胡适之人。形势比人强，我们的社会科学太落伍了，所以胡适就继续称霸了！

注释

[1] 胡氏所用的日记簿是美国 Wilson Jones Company 的 Standard Dialy Divison 所印行的 Daily Reminder 389 红皮硬面精装，在今日还是最精美的一种。

[2] 海斯教授二次大战期间曾出任美国驻西班牙大使，是治"欧洲通史""欧洲近代史"和"民族主义发展史"的权威。其著作战前欧美各大学多采为标准教本。抗战期间我国龙门书局亦加以翻印，为战时后方各大学所采用。蒋廷黻先生便是海斯的得意门人。笔者亦尝选其课，因在考卷上讲反话，几不及格。

[3] 马克思是搞"辩证法"的，他避讳"决定论"一类的字眼。笔者为求文气通俗乃加意译。通人谅之。

[4] 威廉医士（Dr. Maurice S. Williams, 1885—1955）是一位牙医。一九五〇年曾以其破旧机器为笔者治牙。因为我是"伟大的孙逸仙的崇拜者"，所以他只收我"半费"。威氏青年时曾以二千元高价，印其哲学著作曰 *Social Interpretation of History*。该书曾为孙中山先生在"民生主义"讲演中所引用。威氏年少时醉心社会主义，加入"第二国际"为积极分子，故为余道"第二国际"理论与活动甚详。威廉小中山二十岁。二人未尝晤面。毕范宇（Frank W. Price）译"民生主义"时，误书其名。狄百瑞（Wm. Theodore de Bary）将毕译"民生主义"收入其《中国文明资料集》（*Sources of Chinese tradition*. Columbia University Press, 1960）亦与之俱误。闻威氏之书已有汉译本，惜未一见。

[5] 见王礼锡编上海神州国光社出版之《读书》杂志，"中国社会史论战专辑"卷一，第四至五号；卷二，第二至三，七至八诸号。一九三一——一九三二出版。

[6] 李季著《胡适中国哲学史大纲批判》，民国二十年（一九三一）上海神州国光社出版，共二六二页。

[7] 叶青（任卓宣）著《胡适批判》，民国二十二年（一九三三）上海辛

垦书店出版,共——四八页。

〔8〕见冯友兰著《中国哲学史大纲》第一版附录金岳霖的"审查报告"。以后上海商务印书馆所印各版均可查对。

〔9〕刘文典先生为笔者小同乡,曾任安徽大学校长。评胡语闻之于前辈乡人。西南联大毕业之刘氏学生亦每为余乐道之。

〔10〕据传奴隶制社会在我国西藏一直延长至五十年代中期,然未见诸专题报导;而有关美国奴隶制之专著则汗牛充栋,故笔者姑断其为文明社会中奴隶生产制之最近形态。

▼

国语·方言·拉丁化
——回忆胡适之先生与口述历史之七

四四

在近代中国各种文化运动中，胡适之先生真是一味"甘草"，你在哪一剂药里都少不了他。文史哲各大行道之外，一些小型的、相当专业化的文化改良运动，例如"文字改革"和"推行国语"，甚至"汉字拉丁化"运动，也照例少不了他。

胡先生生性是相当谦虚的，但是在适当场合不着痕迹的环境里，他也老实不客气地以泰山北斗自居。在笔者所曾参与过的胡氏有关"语言文字"的讲话中，我就一再听他提过"We experts（我们专家们）"如何如何的。不过他总说得恰到好处。中西听众之中也真就没有一个人暗笑他"老鼠上天秤，自称自赞"了。

但是胡适之在语言文字这一行道里究竟算是哪一种expert呢？胡先生虽然也写过一些《言字解》《吾我篇》《尔汝篇》等文章，但是严格地说起来，这些都只能说是学者们"妙手偶得"的读书札记。一鳞半爪，算不得在"文字学"（philology）上有什么了不起的贡献。他老人家在"音韵学"（phonology）和"语言学"（linguistics）上的贡献，那就更谈不上了。

可是胡先生究竟是什么个"专家"呢？他"专"的是对"白话"和"文言"这两种文体的比较研究！这种"研究"据他自己说是"逼上梁山"的结果。既上梁山之后，他为守住"白话文"这个大山头来称王称霸，就非使出浑身解数，来为白话文树碑立传，对文言文极尽其"诋毁之能事"了！在这方面说，六十年来胡先生的成就倒是首屈一指的，再没有第二个学者能和他并驾齐驱！

正因为他在这一方面的成就是空前的，他在近六十年来的"文字改革"运动和"推行国语"以及"拉丁化"运动中的影响也是至深且巨的，因为语文改革运动在近代原来也就是白话文运动的附庸。所以胡氏的言论也就直接地影响了近五十年来左右两派学人对整个语文改革运动的主张。虽然这些学者很多都是以"反胡"相标榜的，而他们却为胡适的言论所潜移默化而不自觉；他们的理论，也只是胡适论学的前后伸缩而已。

如今半个世纪已经过去了。台湾在"推行国语"方面虽然成绩卓著，而"文字改革"却早已放下不搞了。"汉字拉丁化运动"，据说在大陆上也已胎死腹中，而所谓"文字改革"者，搞来搞去也还未跳出五十年前胡适之先生所说的"破体字"那一套。那末近半个世纪来，雷声大雨点小的"文字改革运动"，又"改革"出些什么名堂来了呢？

大家都反对胡适，但是大家今日所搞的却仍然是在胡适的幽灵底下兜圈子，这又是什么回事呢？所以吾人今日再把老胡适这位始作俑者的文字改革家请出来，重新检讨一番，审查审查他五十年来的成绩；鉴往知来，这实在是我们这一辈知识分子义不容辞的责任吧。

四五

适之先生于一九一七年回国之初，在名义上他是个英文教授。事实上在《中国哲学史大纲》出版之前，也没有人把他看成个哲学家。他的名气是从白话文运动里宣扬出去的。他的"新文学"大旗一打出，中国知识界马上便被他一分为二，在"新"派里，胡氏很快地就变成鲁迅所说的"文化班头"；而在"旧"派的眼光里，他也自然地被看成万恶之首了。

为着领导新学派，抵抗旧势力，胡氏对新旧语言文字的研究也着实下过一番功夫。他认为中国文字甚为落伍，必须改革！至于何以落伍和如何改革，他在深思熟虑之后，也找到了他所认为颇有自信的答案。

下面这篇辞简意赅的短文，便是胡氏自认为是颇具真理的历年研究心得的总结：

> 我是有历史癖的；我深信语言是一种极守旧的东西，语言文字的改革决不是一朝一夕能做得到的。但我研究语言文字的历史，曾发现一条通则：
>
> 在语言文字的沿革史上，往往小百姓是革新家而学者文人却是顽固党。
>
> 从这条通则上，又可得到一条附则：
>
> 促进语言文字的改革须要学者文人明白他们的职务是观察小百姓语言的趋势，选择他们的改革案，给他们正式的承认。
>
> 这两条原则是我五年来关于国语问题一切论著的基本原理，所以我不须举例子来证明了。
>
> 小百姓二千年中，不知不觉地把中国语的文法修改完善了，然而文人学士总不肯正式承认他；直到最近五年中，才有一部分的学者文人正式对二千年无名的文法革新家表示相当的敬意。俗语说："有礼不在迟。"这句话果然是不错的。
>
> 然而这二千年的中国小百姓不但做了很惊人的文法革新，他们还做了一件同样惊人的革新事业：就是汉字形体上的大改革，就是

"破体字"的创造和提倡。

……

以上这一小段是胡先生于一九二三年一月十二日为钱玄同所编的《国语月刊》"汉字改革号"所写的《卷头言》，也是一篇很严肃的论学著作，因为作者一再强调本篇内容是他关于国语问题一切论著的"基本原理"！

但是这本是他三十一二岁时的"基本原理"。可是时隔三十余年，到五十年代的中期，他老人家已年逾耳顺，他向我传授有关"国语问题"的理论，竟然还是这一套，因而他也就很难满足我这位三十来岁老童生的求知欲了。

我觉得胡先生在这篇文章上所申述的"原理"，只是对这一问题作"知其然"的论断，而不是说明问题的"所以然"。他在理论上认定"小百姓"是"革新家"，"学者文人"却是"顽固党"。何以如此呢？这一问题如不解答，恐怕两千年来我国所有的名儒硕彦都要在阴曹地府里扛牌子杯葛胡适了。因为照胡氏的看法，自汉代的董仲舒、公孙弘开始，一直到韩柳欧苏、濂洛关闽、方苞、姚鼐、章太炎、黄季刚……不统统都成为"顽固党"了吗？大家"顽固"了两千年，乖乖，忽然"安徽出了个胡适之"，一下便扫净妖氛，重光日月。他对症下药，果然百病消除万象更新，真是漪欤盛哉！

胡适之先生真可以吹这样大的牛皮吗？他不经意地吹出去，那也就说明他没有把"语言文字"看成一种与社会变动息息相关的人类思想上的"交通工具"（communication tools）。工具是决定于社会对它的需要。一个大电斧对一个老土木匠来说不但不是个"利器"，而且是个大"累赘"。

胡氏把语言文字的变动和社会发展的程序孤立起来，以单纯研究语言文字本身的变动为其研究的重点所在。这样，那就和好古的收藏家如罗振玉者流之研究"秦砖汉瓦"没有两样了。

一个学者研究"语言文字"如果只从语言文字本身的变动来研究，那这个学者便是个"文字学家"或传统所谓"小学家"（philologist），或"文法学家"（grammarian）或"文字史家"，他就不应该奢言"文字改革"。文字改革的目的是要把现有的文字"改革"得使它对社会服务更有"功效"，而"功效"是因时因地、因社会经济条件而各有不同的。所以如果一种文字在某时代没有"改革"之必要时，文人学者是不会改革它的；到有非改革不可之时，"文人学者"的胡适之、钱玄同，不就去"改革"它了吗？"顽固"些什么呢？

四六

须知语言文字——尤其是文字——是人类社会生活高度发展以后才发明的交通工具。人类没有社会生活，便不可能有文字。而文字的发展和社会生活的变迁是交互影响的。在这交互影响与各自变迁之中，又发生诸种不同的"必然"和"偶然"的程序和效果。

大体说来，原始民族初创文字，多半是从象形文字开始的。我国汉代的文字学家许慎便说仓颉造字是"见鸟兽蹄远之迹，知分理之可相别异也"。这不但是汉语系统发展的开始，"印欧语系"（Indo-European System）发展的过程，也是相同的。

印欧语系中第一个字母"A"便是个象形文。据说是"象牛之首也"。盖印欧语系中的"文字"（Written language）发源于中东（今日埃及和小亚细亚一带），这一带的初民原有崇拜"圣牛"（sacred cow）

的古风——今日印度人还是如此——"牛"对他们是神圣不可侵犯的。所以圣牛之头也就变成百字之首了。而"A"字在古代的发音也就是"牛鸣之声也"！

我国的牛与中东之牛不同种，叫的声音也不一样。他们的牛鸣声可能是"ah（啊）"；我们牛鸣声的则是"牟（mou）。"牟"字篆书写作"牟"。许慎说："牟，牛鸣也。从牛，象其声，气从口出。"〔1〕

可是我们的"气从（牛）口出"的"牟"字，最后却变成个"方块字"；而印欧语系中"牛鸣之声"的"A"字，则变成个"字母"。这两个"相同"的开始，和"不同"的发展，实在不能说是受什么"客观实在"，或什么"历史规律"（law of history）的支配。相反的，二者显然都是"偶然"地发展出来的！

既"偶然"发展矣，这两个"不同"系统的思想交通工具，对他们所附属的社会的发展所发生的交互影响，便有其"必然"不同的后果！

拼音文字，形随音变；而声音之变化则随时而异，也随地而异。这样随音拼形，那"形"的变化也就大而且远。不同时代有不同的发音，〔2〕不同的地区也有不同的方言。纵以同样的"字母"（alphabets）去拼音，在方言复杂的地区，也会搅得天下大乱的。君不见印欧语系中最具影响力的"拉丁语系"，大家所用的不皆是相同的二十六个"拉丁字母"（Latin alphabets）吗？在半个欧洲就拼出十几种语言来。其他非拉丁语系系统之复杂就更无论矣〔3〕。

既然半个欧洲所用的都是"拉丁字母"，为什么不干脆就使用"拉丁文"呢？如此则欧洲不是也可以来个"书同文"了吗？何白鬼之不惮其烦，而要把现成的一个有极高度发展的文字肢解，再拼出数十种所谓拉丁语系的方言来呢？

还有，袭用方言的文字如英、法、西、意、葡、荷等等，搞起学术用语来——如医学、人类学、动物学、天文学、地质学、植物学……又非回头到拉丁文里去找不可；文法上分析起个别单字来，也还是要去找对今人毫无意义的什么

"拉丁语根"（Latin root）、"拉丁语头"（Latin prefix）、"拉丁语尾"（Latin suffix）。真不知害死多少人？这样地东扯西拉，为什么不干脆就拉他个全套"拉丁"呢？

再者文字既属拼音，则"必然"要发生"语尾变化"（conjugation）〔4〕；尾巴长而多变，则"音节"（syllables）就"必然"复杂；一个单字音节太长，则不易制造复合词或"字组"（compound）。试举"羊"字为例：

在我们的单音节的字汇里，认识一个"羊"字，我们便可认出羊先生合族长幼和羊家有关的大小事务来。它贵族中的"公羊""母羊""仔羊"或"羔羊""山羊""绵羊""羊肉""羊毛"……我们一看字组，便知字义。

但是在拼音文字里，由于音节太长，单字不易组合，因而每一个字都要另造出一个特别的单字来表明。如此则"字汇"（vocabulary）就多得可怕了。

且看英语里面的"羊家"：

羊氏合族叫sheep；羊先生叫ram；羊太太叫ewe；山羊绵羊叫goat；羊毛叫wool；羊肉叫mutton。"吃羊肉，沾羊膻。"讲明只是吃mutton而不是吃pork（猪肉）或beef（牛肉）。马牛羊、鸡犬豕，此六畜，人所饲。在我们的文字中只要加上个"肉"字，肉铺子上的标价便可看得清清楚楚。初到美国的东方太太们，英文单字认识不多，看到美国肉铺内的诸肉标签，真是一肚皮嘀咕！

一九六七年岁次丁未，行年属羊。春节清晨，美国合众社纽约编辑部忽然打紧急电话向笔者"咨询"，问这个"羊年"是羊公之年，羊母之年，抑羊少爷之年？最初我倒被他难倒了；稍谈之后，我说还是"羊家"过年较为妥当吧。

一个小羊过年，便弄得如此伤神，今年我们骅骝开道路的"马家"过年，那还得了！

拼音文字由于字汇之多，所以"认字"也是学习拼音文字的最大麻烦之一。在中文里我们如果认识四五千字【5】，则所有报章杂志便可以一览无余。但是一个人如果想把五磅重的星期日的《纽约时报》全部读通，则非认识五万单字不可！五万字比《康熙字典》上所有的字还要多！我们非要认识全部《康熙字典》上的字，才能看懂星期天的报纸，岂非二十世纪一大笑话？！但是，朋友！拼音文字就是如此啊！

四七

拼音文字既有其发展中的"必然"后果，这后果对它所附属的社会的发展，也就有其"必然"的影响。

其影响最明显的一点，那就是在一个农业经济（着重"农业经济"四字）的社会之内，也就是魏复古所说的"水利社会"（hydraulic society）之内，大众传播工具（means of public media）甚为原始的时代，它必然会促成大型社会的分裂；至少它妨碍大帝国政教体系的统一。

在一个农业经济的社会里，拼音文字是鼓励方言发展的。一个大文化单元之内——如中世纪的"基督教文化区"（Christendom）——民族杂处，方言处处，如果其最高发展的文字是拼音文字，这个文字不特会妨碍这个文化单元内的政治统一，并且会助长"地方主义"（regionalism; provincialism）、"部落主义"（tribalism）和"民族主义"（nationalism）之发展；尤其是在太平盛世，家给人足之时更是如此。因为天下太平，人寿年丰，人民衣食足，礼义兴，弦歌处处，"方言文学"（vernacular literature）便会应运而生。方言文学大行其道，则大一统的政治局面就不易维系了。这便是欧洲"文艺复兴"之后，方言文学四起，狭义民族主义与之俱兴，而导致现代欧洲分裂局面之形成的最主要的原因之一。

在欧洲史上，罗马帝国之覆灭从而发生了列国对峙之局；在中国史上——中国版图比欧洲还要大——其发展却适得其反。我们是由五霸七雄的覆灭而促成秦汉大一统之实现。嗣后中国的政治史则总是在"分久必合"的原则上兜圈子；而欧洲的政治史所表明的则是"一分永不再合"，连现在这个最起码的"共同市场"也搞不起来，其理安在哉？！

须知基督教的教义是和我国的儒教同样主张民无二王的宇宙国家（universal state）的。他们的统治者查理曼、拿破仑、希特勒等的野心也何尝在秦皇、汉武、唐宗、宋祖之下？但是他们便永远无法克复欧洲部落主义和地方主义的阻力而统一欧洲大陆。何也？

原因当然是上万的。但是最明显的一点便是他们在大一统的必需的条件上"车可同轨，行亦同伦，而书不同文"！查理曼大帝国之内，各地区的人民，各言其所言，各书其所书。如此则帝国政令便无法推行，军令便无法统一。结果全国貌合神离，一旦大帝龙驭上宾，则帝国土崩瓦解。

或谓西方无统一文字而中国有之，西方方言滋多而中国较少。这都是胡说。且听听孟子是怎样说的。孟子说：

"有楚大夫于此，欲其子之齐语也。则使齐人傅诸？使楚人傅诸？"曰："使齐人傅之。"曰："一齐人傅之，众楚人咻之，虽日挞而求其齐也，不可得矣。使而置诸庄岳之间：数年，虽日挞而求其楚，亦不可得矣！"

　　他老夫子这段话是说透了我们留美华侨子弟"双语教育"（bilingual education）的现状。笔者夫妇尝不惜巨费，强迫子女习国语；但是众美人咻之，虽日挞而求其华也，不可得矣。而今日港台父母则费巨帑要儿女习英语，日挞而求其英也，亦不可得矣。原来公元前四世纪孟子的时代，山东与安徽两省之间的语言隔阂，亦竟有今日纽约台北之异！

　　可是我们这样一个大国，今日却如胡适之先生所说的："自哈尔滨向昆明画一直线，三五千公里之内，皆说国语！"反观欧洲，纵迟至今日，一山之隔仍有德、法、荷、葡之异。何也？最重要的原因便是我们传统中国里的"学者文人"，把持了我们"守旧"的"形不随音转"的"方块字"，从而限制了那在文法上善于"革新"的"小百姓"的方言的发展。

　　倒霉的中世纪欧洲士大夫，他们把持的是个"形随音转"的拼音文字——拉丁文，他们不但不能够阻止方言的发展，那二十六个字母适足以助长方言文学的兴起。结果，拉丁字母兴而拉丁文亡，在欧洲六十多个地区，拉丁方言乃以不同形势向后世发展了。

　　拉丁文之倒毙，真不知有多少欧洲士大夫，尤其是天主教堂里的教皇和僧侣们为之呼天抢地，力图挽救。时至今日，西欧北美诸大天主教堂内，喃喃祝祷之辞，还不是拉丁文！

　　哥伦比亚大学本科毕业证书和历届毕业典礼中，学生代表致辞，照例都用拉丁文。此一荒唐传统一直延迟至六十年代中期，始为学生造反而废止。待我最厚的业师——也是胡适之先生最好的朋友之一——哥大中古史名教授晏文斯（Austin P. Evans）先生，便曾力劝我习拉丁。因为在他老人家眼光里，一个学历史的人，不懂拉丁，何以为学？英文、法文乎？下里巴人而已，哪能上得台盘？！

可是不管欧故大师们是如何地维护他们的道统，拉丁文还是短命死矣。它死得不明不白，不是因为欧洲曾出过什么陈独秀、胡适、吴稚晖，要打倒它。而倒霉的是它有二十六个字母，字母被窃，使他失去灵魂，乃被方言文学架空而死，不亦悲夫！

"拉丁文"先生人头落地，妨碍了欧洲大陆的统一大业——至少是欧洲无法统一的最大因素之一；这一点，历史家大概不易否认的。欧洲不统一，真正的农业大帝国便无法建立；没有个农业大帝国，它就出不了像魏复古所说的"国家强于社会"（state stronger than society）的传统；没有个强有力的"国家"去"平均地权，节制资本"，那么小封建主就倒霉了。一旦"社会"上的"中产阶级"，挟其"土地"和"资本"，来和小"国家"之主，大"教会"之头，搞个民主夺权运动，"国家"（state）和"教会"（church）都无力招架，欧洲——乃至整个文明世界——的历史就改观了。

笔者作此"大胆假设"，绝无搞"文字决定论"的愚勇；只不过是说明文字发展上"偶然"的过程，对社会发展上"必然"的后果是如何地严重罢了。所以我们在这一方面的研究，总应该以"社会科学"的法则为出发点去"大胆假设，小心求证"，"乾嘉学派"倒字纸篓的"治学方法"是早已逾龄了。

四八

我国的"方块字"之"偶然"的发展，和它对我国社会变迁所发生的"必然"的影响，正是中世纪欧洲拉丁文影响的反面！

"方块字"是维系我中华民族两千年来大一统的最大功臣，是我们"分久必合"的最大能源！

今日世界上的人口，有四分之一是"炎黄子孙"！我们的祖先真都是老祖母"嫘祖"一胎所生？我们炎黄二祖的祖坟风水就如此之好？子孙繁衍如此昌盛？而古埃及、巴比伦、希腊、罗马的祖先们，就丧尽阴德，子孙绝灭？非也。

我们黄、白二种的繁衍，两千年来都是相同的民族大混合。人类历史上很少"民族"是真正"灭种"的，也很少"古文化"是完全"消灭"的。二者所不同的是我们的语言文字，原封不动地保留下来，他们的语言文字却被后起的方言取代了。方言鼓励了部落主义的孳长。所以虽然他们的生活习惯、宗教文化皆已大半"拉丁化"（Latinization）或"罗马化"（Romanization），但是他们不用拉丁文，所以也就不认拉丁做祖宗了。

我国古代"汉儿学得胡儿语"也是很普遍的，可是最后还是胡儿学汉儿！在这个"夷夏相变"的混杂局面中，"方块字"的作用是很大的。我国和古罗马一样，在文化上高出蛮夷十倍，"以夏变夷"原是必然的趋势。但是蛮夷"华化"的程序和欧洲蛮夷的"拉丁化"的程序却大有不同。在欧洲蛮夷"拉丁化"第一步要学的便是拉丁字母，学会了字母，他们也学会变通了。

我国文字无字母可学，要学得全学，无变通之可言。学会了你就是能读诗书的上等士大夫；不学，则是遍身腥膻的下等蛮夷。下等蛮夷力争上游，他们就"数典忘祖"，而加入中华民族的大熔炉（melting pot）了。

古代北方的蛮夷大国如西夏、如契丹，便不甘心全部华化，所以他们也曾利用一部分汉字的"部首"或"笔画"来自造其"西夏文"和"契丹文"。殊不知汉字是个十分科学的文字，另起炉灶是吃力不讨好的，还是全学的好。所以"契丹文""西夏文"也就逐渐被历史的洪流所冲刷了。

二次大战之后，为着魏复古先生的巨著《辽代中国社会史》的出版，胡适之先生与魏氏曾有过一段不愉快的辩论。胡氏认为中国历史上蛮夷"华化"（Sinicization;Sinification）是自动的、自然的和逐渐形成的。魏氏则认为蛮夷是拼死抗拒"华化"，毫不妥协，契丹史上便有明证。

他二人各是其所是，互不相让。笔者和这两位老先生过从皆密，也为此问题谈过很多次。我深觉彼二人各有是非。笔者这一观察，学理之外，更有切身的经验。盖在一个大文化单元之内，少数民族（minority）向多数民族（majority）所谓"主流"（mainstream）的生活方式同化过程之拼死抗拒，实是极其自然的。旅美第一代老华侨之抗拒"美化"（Americanization），其行动真是可泣可歌【6】。但是第二代华侨之无形"美化"，也是自动的、自然的和逐渐形成的了。所以胡、魏二先生各对一半。其中关键之所在便是语言。胡服胡语数代，而不为胡化，纵是犹太人亦不可能，况寄居上国之鲜卑鞑靼乎？！

所以两千年来，我国"以夷变夏"的传统一直未变的道理，就是因为我们有个一成不变的语言。欧洲蛮夷南侵，罗马文明一蹶不振的主要原因便是拉丁语文被那批蛮夷肢解了的结果！

四九

一次我在胡家忽听适之先生在厨房内向烧饭的胡太太，以徽州话唧唧咕咕说了半天，我一句也未听懂。最后只听胡太太以国语大声回答说："有东西我就烧给他吃，没东西就算了啊！"

原来那晚胡先生有应酬外出，他要叫胡伯母多烧两个菜，留我吃晚饭。因为他二老食量奇小，而我食量太大。他二人一周之粮，我一顿可以把它吃得精光。防患于未然，所以胡老师要以徽州话，秘密地向太太一再叮咛也。

其实胡先生的故乡和我的故乡，如有超级公路相通，半日之程耳，而语言隔阂若此！在那个"农业经济"时代，我们如无"方块字"相沟通，则区区安徽一省不就变成"安国"与"徽国"了吗？

所幸我们的"方块字"无往不利，大家一受教育，彼此就是"安徽同乡了"，黑龙江和海南岛的居民也就是"中华同胞"了。年前内子与笔者在纽约街头遇见一位不谙英语的华妇，哭泣求助，路警束手。我二人乃前去帮忙。孰知这位太太说的是海南岛的方言，又不识字。我们就始终不知道她的问题何在，而爱莫能助。所以生为华裔，如果大家都说方言，又无方块字作我辈媒介，则同胞间之隔阂，实有甚于异族。你能小视我们方块字的社会功效！

要言之，我们有了方块字，教育愈普及，则民族愈团结；民族愈团结，则政治统一便愈容易推动。政治、文字、教育有其一致性，它也就限制了方言的过分发展。如今全世界，四个人之中，便有一个是"炎黄子孙"，岂偶然哉？！

文艺复兴以后的欧洲便适得其反。他们教育愈发达，则方言愈流行；方言愈流行，则政治愈分裂。这就是今日白鬼种族繁多之所以然也。这也就是两种不同文字"偶然"的发展，在人类社会发展史上所发生不同的"必然"后果！

同时一个民族教育愈发达，其语文结构也愈趋于繁杂，这也是个必然趋势。大凡一个"文明"（civilization）之兴起，人类的生活方式本来必就随之由简单变向繁杂——以至于不必要的繁杂！

初民赤身露体，徜徉乎天地之间；向阳而曝，临流而浴，好不自由！结果文明发达，首先搞出片布遮羞，接着又制出大袖宽袍，最后好事者又发明了裤子。我们的文武周公孔子据说都不穿裤子。文明进步了（也可能是退步吧！），我辈小民无辜，一律被迫穿上裤子！等到胡适之先生考取公费留美，又被迫改穿洋裤子，因为裤裆太小，初穿时简直是举步维艰！后来又被迫扎上领带，弄得上下交征，形同囚犯（这是胡先生亲口告我的笑话）。如此这般，文明人类，自找其不必要之麻烦，又胡为乎来哉？！——原来这就是"文化"（culture）啊！试问人类文明进步的过程中，像"裤子"一类的日新月异的"新生事物"，哪一项不是"不必要的麻烦"呢？老子李耳便被这些不必要的麻烦弄得光火了，所以他老人家才要背信绝义，打倒圣贤！

五〇

文物衣冠的发展既如上述，则语文的发展又何能例外！我国方块字的发展，便是由简单趋向繁杂，而终于走向不必要的繁杂！

禹汤文武之后，经济逐渐起飞。古代的农业社会里，因而也可豢养一批"脱离生产者"（non-producers），好让他们专门从事"文化工作"。这批四体不勤、五谷不分像孔老夫子师徒那样的"文化工作者"（cultural workers），他们的专业便是咬文嚼字！而运用文字的也只限于他们少数人〔7〕。因而他们把文字美化、复杂化以表示高明进步。这也是和穿裤子一样，顺理成章的事。

经过千年以上"学者文人"的不断努力和创造，我国文字到东周末季可谓已登峰造极！论书法艺术之美妙，古今中外之文字，孰比"大篆"？论人类情感表达之深沉，孰比《诗经》《楚辞》？论说理之透察、文法结构之严密、叙事之明白流畅，先秦诸子之成就，亦远迈后人！他们那时对"方块字"和"文言文"之运用，真如鱼得水，初无不便！倒霉的留学生胡藏晖，拾洋人牙慧。忽然看书流眼泪，替古人担忧，岂不是自作多情？！

可是这情形到战国末期——尤其是始皇统一六国之后，就大有不同了。一个农业大帝国军民两政之处理，法令之推行，军情之通畅，民间商旅之往还，政府特务之记录……在在需要一种有效率而简便的文字。那原是只限于"学者文人"之间的先秦思想交通工具，便不适用了。

秦始皇这个大独裁者据说精力过人，日理万机。他一天要批阅公文数百斤（竹简的重量），你要他老人家还用"漆书""大篆"来画符似地草诏书、下圣谕、批钦此、写"知道了"，他皇帝就做不成了。

所以大秦帝国一旦统一天下，当务之急便是来个全国性的"文字改革"。后代读史者吃了司马迁这个"大史学家"的亏，只知道秦始皇要搞"书同文"，而不知道所"同"何"文"。但是今日吾人便可以肯定地说，始皇所"同"者，绝非"大篆"！丞相李斯当日所搞的显然是从"简体字"入手的。他的第一步便是"篆字简化"——把"大篆"简成"小篆"！

我们今日可以想象秦朝当年这一项"简体字推行运动"中的阻力。当时真不知有多少"国学大师"，痛心疾首，呼天抢地，认为李斯毁灭"中华文化"呢？那时被"坑"掉的四百几十个大儒，说不定其中即有

"以古非今"，为反对文字简化，而搞掉脑袋的呢！

简体字推行之后，还是不适用。李丞相乃推行第二步改革——废除篆字！代之以效率极高的"隶书"！

这一个空前绝后的由"篆"及"隶"的"文字改革"实在太伟大了。其惠百世不斩，余泽及于我辈！它是我国历史上空前绝后的"文字大改革"。两千年来，再无第二次！

六十年代之初，纽约有一位白人小收藏家，请笔者帮忙鉴别他所收藏的中国彝器。我在他的收藏中发现一块"秦权"（秦政府为度量衡标准化而向全国颁发的官铸"砝码"或"秤砣"）。权上所镌的"隶书"是二世胡亥的诏书。笔者以此实物与哥大的秦权拓片核校，发现二者分厘不爽！

发思古之幽情，我不禁对李斯这一辈古政治家有无限崇敬。他们搞出一套顾炎武所谓"未始异于三王"的"化民成俗之道"，真是历两千年而未少衰。而文字改革，也是其中最重要的一种。他们这一改，我们就沿用至今。今日《传记文学》上所用的字，还不是李丞相改出来的吗[8]？

相传隶字为程邈所作。程邈"得罪系狱，在狱中覃思十年，益大小篆而为隶书三千字。奏上于朝，始皇善之"。此事或有可信。但是坐牢十年的程邈为什么忽然想起这个天降大任呢？狱中小囚，在杀大儒如草芥的大秦帝国里，居然敢，而且也能，"上之于朝"，亲承御览呢？这些都表示当时一个"文字改革"运动正在雷厉风行，所以狱中小囚，偶有愚者一得，亦可上达天听！

可惜嬴政那个有恩于士卒而无礼于士大夫的大独裁者，把知识分子弄伤了心。大家对他好话不提，坏话说尽。尤其是那为发牢骚而著书的司马迁，他把秦太后欣赏"关桐轮"等淫秽小事，都写得淋漓尽致，而对秦代这种空前绝后的文化革命，只是一语带过；以致后人读秦史，也只知道"书同文"三字，而忽略了这三字背后，伟大的文化变迁！这是司马迁的疏忽呢？还是他见不及此呢？总之他这一轻重倒置的写法，引一句胡适的口头禅，是"该打屁股"的了。

但是胡适之说"小百姓"是"革新家"，"学者文人"是"顽固党"，又说"汉字形体上的大改革，就是'破体字'的创造和提倡"。这也就叫作"明足以察秋毫之末，而不见舆薪"！"小百姓"两千年来搞出那几个"破体字"，比起大秦帝国政府所推行的废篆字、用隶书的文字大改革，真是顽石之与泰山也！二者是无法相提并论的！

五一

我国秦代这项"文字改革"是太成功了，太美满了。隶书一行，真是军民称便！

汉兴，尽废秦法，但是隶书却独蒙沿用。两汉四百年那些嚣张的学阀官僚，甚至利用"今文"来通经致用，把持了两汉的官办教育。这条今文家的师承门派一直延伸到清末民初；写《新学伪经考》的康有为，不是还想重振山门，继续称霸吗？

有"历史癖"（事实上是"考据癖"）的胡适之先生，治学的路线是师承"古文家"的 [9]。休宁戴震是前身，他是"乾嘉学派"里搞"校勘""考证""训诂"的大宗师。咬字嚼字——如校勘《水经注》——便是他衣之食之寝之写之的物质生活和精神生活之所寄。搞了十多年的《水经注》，对社会发生何种"功效"，他是不管的，因为他是"学者文人"；他所搞的是"学问"，是百年大计的"文化"，奚可岌岌于眼前之"功效"？！

胡先生毕生不治产，不作稻粱之谋。但是他一生所吃的稻粱是哪里来的呢？那是劳动农民，以他们劳动的"剩余价值"来奉养他的。胡先生一非地主，二非资本家。他没有剥削贫苦农民的"剩余价值"，他的稻粱是他的学问换来的。贫下中农，"汗滴禾下土"，在耕田种地；胡博士三更灯火五更鸡，在绞脑汁，校勘《水经注》。虽然大家都是老王家的鼓乐队，你吹你的，我打我的，各不相顾；在人类群居生活上说，这原是分工合作！

孟轲那个未读过农业经济学的土佬儿，出口伤人。他把贫下中农说成"小人"，"耕田种地"便是"小人之事"。胡适之是"大人"，校勘《水经注》是"大人之事"。所以老孟被清算得灰溜溜，岂不活该！有行为科学训练的"进步"学人，就滑头多了。他们说，噫！"胡适"何物也？曰，胡适者，劳动农民"剩余价值"之人格化也，学术化也！这就对了！

胡适之瞧不起章炳麟。我在胡先生早年的日记里，便发现他对章氏颇有微词。章疯子搞的是佶屈聱牙的古文。他恨不得少女写情书，明星上舞台，都从"粤若稽古帝尧"来起。你要章大师和"小百姓"一起去认"破体字"吗？把"破"的字补起来，才是他的工作呢！

"繁体字"对章太炎来说，有什么不好？章大师如果也办个《独立评论》，脱下青衫直缀，做起官来，头顶乌纱，身着蟒袍，施施然袍笏登场，尚不嫌麻烦，写几个"繁体字"算得了什么？

胡适之和章太炎真就是两种不同的动物了吗？在一个行为科学家或社会史家看来，他二人是一丘之貉，都是传统的农业社会里"剩余价值"人格化了的"文人学者"。二人都是以研究学问为专门职业的 [10]。

章太炎要把"破"字补起来的，为的是学问；胡适之主张"破"字再破下去，也为的是学问。只是他二人经验中的社会形态不同，所以他们搞学问的方向也就不同罢了。

章太炎文化经验（intellectual experience）中的社会，还是自汉至清的传统农业社会。在这社会中，学术文字为极少数非生产者所包办。文言文、方块字不但对这个小包办集团服务周到，毋需"改革"；它对农业社会里小型工商业的服务，也照样周到。传统以农为本的社会经济形态不变，我们的文字断无改革之必要；所以"文人学者"就不去画蛇添足了。不但章太炎不去改革，连那些专以"改革"为志的王莽、王安石、洪秀全、孙中山也不去碰他，你能说这些人都是"顽固党"？

胡适之先生文化经验中的社会，则是自农业文明向工业文明转移的社会。在一个工业文明里，文字就不是少数人的工具了。为着普及教育，为着振兴工业，文言文、繁体字，就嫌累赘了。文人学者的胡适之和钱玄同就要去加以改革。胡、钱之要求"文字改革"固然未可厚非，而他们乱骂祖宗，那就不对了。这在历史学上也就是犯了所谓"现时观念"（present mindedness）的大忌！

五二

我国的"文言文"和"方块字"，自五四运动时期被胡适之辈喊打以后，忍辱含羞已六十余年。现在也该是我们替他们两位老人家平平反的时候了。

平心静气地说，八千年来的人类文明史中，学者们还未找到第二种文字能与我们传统语文比。它替我们保留了十九世纪以前，人类文明最丰富的记录。它保留的总量超过人类文明史上，所有其他文字所保留的总和！

人类知识史上很多学科的"第一部书"，都是用文言文、方块字写的。《孙子兵法》《齐民要术》《营造法式》《本草纲目》……差不多都是各该科目的始祖。

它更是高度文明世界里，独一无二、全始全终的、未经任何周折的原始语文。所以三岁的中国孩子，便可背诵八世纪大诗人李白"床前明月光"的"原文"；今日国文程度好的中学生，把公元前一世纪史学名著《史记》的原文，当小说来看，也不算什么稀奇。但是这些在其他任何文明国家里，都是不可想象的事！

至于我国传统文字对我民族之融合，向心力之维系，文化之发扬等所发生的数不清的功效，那岂是笔者一支秃笔所能写得完的吗？！

本来有如此高度功效的语文，如果社会经济结构不变，也的确没有"改革"之必要；这也就是两千年来中国"学者文士"心甘意愿去做他们的"顽固党"的基本原因！胡适之先生不从这些大处着眼，而偏说文言早死于秦汉之际。又说汉朝的小吏已看不懂官方的诏令，所以文言文早在汉朝就该废除，这就是在鸡蛋里面找骨头了。他之所以招致许多国学大师和卫道之士的反击，实在也是不无道理！

不过以上所说都是有关过去的事，所谓"历史任务"（historical mission）。如果一种文字已完成其历史任务，如今社会形态变动了，时代也前进了，新的任务，它负担起来不能胜任愉快之时，那么这种文字是否要加以"改革"，那就是另外的一种问题了。

五三

"胡先生，汉字要不要改革？"我在五十年代的初期问他。

"一定要简化！一定要简化！"

那时大陆上"批胡运动"和"文字改革运动"双管齐下，正在如火如荼地进行之中。而文字改革家的副业便是"骂胡适"。胡适这个"买办学者""洋奴大班"，被他们骂得狗血喷头。但是每次一张"简字表"一出，胡先生却立刻叫我送给他。每张他都细细看过。认真评阅之后，总是称赞不置。心平气和，言出由衷，那种为学术而学术，为文化而文化的崇高风范，真令我万般心折！

我那时就想，如果一九四九年胡适被活捉去了，"系狱云阳"，他在牢内"覃思十年"，可能还会搞出一套更好的简体字来，"奏而上之"，说不定又要"出为御史"呢！

胡适是我们的民族财富。你把他关到牢里去，他也会有所贡献的；不像我辈不学乡愿，再如何地善于观风使舵，到头来，饭桶总归还是饭桶啊！

有时我又问胡先生："汉字要不要拉丁化呢？"

"兹事体大！兹事体大！"胡氏以肯定的文言文，不置可否地回答我。

胡先生做学问的态度是最谨慎的。没有绝对的信心，是否两方，他都要存疑。笔者那时还年轻，我反觉得老胡适吞吞吐吐的态度不够"进步"。几个烂方块字当垃圾丢掉了，有什么舍不得呢？！

如今胡先生墓木已拱。笔者亦自滥竽二十五年的哥伦比亚大学，于一九七二年转入纽约市立大学。纽约市大可能是今日世界上人种最复杂的大学了。笔者自兼课到专任，到搞行政，先后亦二十余年。误人子弟的总数（全世界所有人种的学生市大皆有），亦不下两三千人之多！学生们千奇百怪的种族和文化背景和他们在这个英语大学里学习的情况，给我个人的启发实在太多了。所以当年胡先生所不愿肯定答复的问题，笔者不揣浅薄，根据个人特殊的经验，每自觉颇有所悟。

汉语拉丁化最早的倡议者是明末清初的耶稣会传教士。洋人习中文，以罗马字拼音帮助记忆，理固然也。

清末新学人劳乃宣辈也曾略加尝试。后来赵元任先生等搞罗马字拼音，也只是帮助发音，并不是要代替汉字。而真正要废除汉字，代之以"拉丁化"的文字，则是吴玉章等"左翼"文人在一九三一年以后才推动的。

汉字何以要拉丁化呢？他们的理由是：方块字太难，拼音文字容易。郭沫若说："使用汉字，单在一个人的受教育历程（从小学至大学毕业）上，比起拼音文字的国家起码要延长两年。"（一九五三年语）

郭老一不懂拼音文字，二未搞通今日吾人在美国所搞的"双语教育"，凭什么说这句话呢？

老实说拼音文字并不就那么容易。君不见纽约地区有中国侨胞十万人，其中九万人就既不能说英语，也不能读英文。今日我高级专业技术人员旅美者亦在万人以上。老实说，万人之中，其包括下走在内的百分之八十以上的绝大多数，要写一封清通无讹的（idiomatic & flawless）的英文信，也都很困难！此非徒笔者个人愚鲁自卑，而厚诬我八千留美同文，实在也是因为流落番邦三十载，知其实情，也知道学英文是实在太难啊！

我们在此作"老番"是活该了。看看他们土生土长的又如何呢？纽约市大属下的社区学院（community colleges）十余所，有生徒十余万人。每年招收新生——都是本市高中毕业——其中至少有一半看不懂《纽约时报》。"大学生"看不懂本地报纸，我们认方块字的中国人会相信吗？

以前那位嘴尖语诮、专门欢喜哗众取宠的鲁迅，他说我们方块字是"不象形的象形字，不谐声的谐声字"。他——由于蟹行文无功夫——就不知道，英文这个"长条字"也是"不罗马的罗马字，不拼音的拼音字"呢！

事实上，天下的语言都是一样的。不是方块字难，拼音文就容易。文字之难易端视乎学习者个人的条件——尤其是他的年龄！十岁以下去学，则天下无难字；二十岁以后去学，则没有不难的语言！这也是我们在海外搞"双语教育"的经验之谈啊。

五四

还有些人——尤其是科学家们——认为我国文字过于含混，对科技大有妨碍。笔者对这点也有切身的经验。

在五十年代的中期，笔者与哥大的狄马瑞教授（今日哥大的副校长兼教务长）在一个研究室内鱼贯而坐。他那时还是位助教授，请了一笔研究费，正在编纂其《中国文化精义》。狄子知我贫，乃分点翻译工作给我，以为补助。我译的第一篇便是一首太平天国的"赞美诗"，其中有两大名句："有割与无割，皆为上帝生！"就把我"割"住了。几费周章，才把它译成"割包皮'（circumcision）【11】而缴卷。

接着我便译清代魏源的《海国图志序》。魏氏那篇《桐城壳子》已经够含混了，文章结尾所引的一个"传曰"，就更使我莫测高深。这"传曰"的全文是：

> 执荒于田，执治于门。
> 四海既均，越裳是臣。

这为首二句是什么意思呢？我要找到出处才好翻译。可是我找遍《春秋三传》《尚书大传》《易经系辞传》……就始终找不出他那个

"传"来。如果我不顾浪费时间，无限制找下去，我那计件之酬岂不是太微薄了吗！

我灵机一动，去问胡适之。胡先生说这个"传"在《易林》里面。可是我二人翻遍《易林》还是未找到。胡先生还要亲自带我去哥大书库大索一番，我就未敢惊动他老人家了。后来我约胡先生与狄氏一起午餐，胡公乃向狄君解释找出魏引原文之不易；以及中国古文字是如何的艰深晦涩，确切的翻译（precise translation）几乎是不可能的。狄氏然其说，我才把译稿奉上了。后来狄百瑞在他的书上，照胡氏之言加个小注，才解决了我那含混翻译的大难题（见狄书六七七页）。

胡先生那时就说中国古文有一种含混的传统，所以对科学研究和法律叙述都有妨碍。他老人家是"知其然"，而我就想找出它的"所以然"，而百思未得其解。一次在美国法例内读到一个小故事，才使我豁然而悟。

这小故事似乎是这样的：

一次国会通过一条法案，使果树（fruit tree）入口免税。不意在三读通过的正式文件上错打了一个标点符号，把果树变成了水果与树木（fruit，tree）。这一下被奸商看到了，乃运入大量免税水果；等政府发现更正，国库已损失不赀矣。

所以西方白人的蟹行文，文法结构一定要严密，意思表达一定要确切，一个逗点也错不得；其原因便是他们好讼成性，有玩弄法律的传统，因而在他们的文字里说一只猫便是一只猫，不像我们一开口便是"小猫三只四只"了。

我国人最反对打官司。孔子说："必也使无讼乎！""听樵断讼"一直又被认为是至高无上的美德。大家不上法庭打官司，所以我们文字也就没有法律的锻炼；写起文章来，麋鹿三两只，童子七八人，大家也就马马虎虎了。人家又不同你打官司，写那样清楚干嘛？

文字本是反映文字使用者思想的工具。如果它的使用者，一肚皮"诗书礼乐"和"清明时节雨纷纷"，你又怎能怪文字表达上水果树木之不分呢？如果你一旦丢掉传统农业社会里三家村冬烘学究的老包袱，而搞起工业文明里的民主、科学和法治来，它自然能帆随湘转，和你一起顺流而下；杞人忧天，实在大可不必！

五五

笔者写了这许多，并不是要反对汉字拉丁化。我只是觉得近五十年来搞拉丁化的学者所持的理论根据，完全站不住罢了。

在一个新文化的"启蒙时代"，"开风气"的大师们可以闻一知十，望文生义，信口开河。可是启蒙时代一过，学术研究就该规规矩矩，按照新兴科学的法则，一步一趋，向前探索才对。而当今的行为科学家所掌握的锐利武器之一，便是"比较研究"（comparative study）。

笔者有一次带孩子们去美南"露营"（camping），误入蛮荒，进入了一个"印第安人的保留地"（Indian Reservation）。因为我们生得和他们一样，所以颇受我兄弟民族的欢迎。孩子们并接交了一些印第安小朋友，我也乘机拜读了"印第安文"的小学教材。

印第安人在哥伦布发现新大陆之前只有"语言"（spoken language）而无成熟的"文字"（written language）。后来与白人抗衡，因而他们也学了白种人老祖宗——东西哥德、高卢、法兰克、条顿、盎格鲁·萨克逊等老蛮夷的老办法，利用罗马字母拼音来自造文字，也就是印第安语的拉丁化罢。

南北美洲印第安语有数十种之多。这样一拼，因而也就拼出种类繁多，拉丁化了的印第安文字来，俨然是欧洲"拉丁语系"的美洲翻版！

幸好，这批红人的老祖宗都是圣人绝种、大盗不兴的老子信徒，如果他们也和我辈黄人一样，搞出一些"十三经""廿四史"诸子百家、丛书、类书来，那将如何是好？把它们也全部拉丁化？那就变成"有字天书"了！"悉任其旧"，那拉丁化了的孝子贤孙，也就无缘接受其"民族遗产"了。

"孝子贤孙"不读何伤哉？有胡适之、郭沫若去读不就够了。殊不知一个民族的文字如被迫上吊，变成了像古埃及的神书（hierographic），巴比伦的楔形文（cuneiform）或希腊文、拉丁文一样的死文字（dead language），胡适、郭沫若也不去研究了；真研究，也是半坛醋，不能真通了。古代辉煌的文明如埃及和巴比伦，就是这个病症死去的。我们忍心眼睁睁看着一个浩如烟海，人类四分之一人口所共有的伟大文明，就此"中断"！

文明真的中断了，我们亚洲的黄人，也就变成美洲的红人了。

西方希腊罗马文明"中断"，损失并不太大。因为他们原有的东西便不多。在文字上吊之后，好东西都译成了方言。笔者在五十年代不想学拉丁文也是这个道理。试问那一种拉丁文著作，没有英文翻译呢？但是我们要把《四库全书》和《传记文学》都通统拉丁化，以飨后人，那就不可能了！

瑞典汉学家高本汉（Bernhard Karlgren）就说过，一个中国人，下了几年功夫，读懂了文言文（笔者按：达到像以前高中毕业生的国文程度），则他祖国三千年的文化遗产，皆在其掌握之中。这就是有比较研究眼光的文字学家的独到之处了。

反之，如果一个中国高中毕业生，只知拉丁拼音而不识汉字，那他与美洲红人何异呢？三千年民族文化遗产对他不是不发生任何作用了吗？这大概就是"胡子语录"中所谓"兹事体大"一语真义之所在罢！

胡适之先生的了不起之处，便是他原是我国新文化运动的开山宗师，但是经过五十年的考验，他既未流于偏激，亦未落伍，始终一贯地保持了他那不偏不倚的中流砥柱的地位。那些追随胡子前进而力有"不及"者，则往往变成一些新遗老，完全忘记了"圣之时者也"的古训。

另一种追胡适而"过之"的人则又流于浮薄。他们对中国文明改造的问题，初无真知灼见。谈大问题，学问不够；谈小问题，体验不足。但是愚不自知，却专门欢喜拿祖宗开刀。这种思过于学的风气，其为害实有甚于落伍。

反观胡适，他在这举世滔滔的洪流之中，却永远保持了一个独特的形象。既不落伍，也不浮躁。开风气之先，据杏坛之首；实事求是，表率群伦，把我们古老的文明，导向现代化之路。

熟读近百年中国文化史，群贤互比，我还是觉得胡老师是当代第一人！

注释

〔1〕见《说文解字》，牛部十九。

〔2〕例如"佛"字，在六朝、隋、唐之发音为bud。今日国语读fu。闽南语则近乎唐音。

〔3〕今日用罗马字拼音的国家约六十多个，而各方言地区内——如法国和意大利，仍有其方言之方言。

〔4〕今日英语语尾变化以动词最大，而俄语中则几乎八大类皆变。

〔5〕《康熙字典》加"补遗"，字汇总数约五万左右。笔者曾以《康熙字典》作自我识字试验，自觉所识不过总字汇之什一。所以一个中国文法科大学毕业生，识字总数大致不出五千字。平时使用已经足够了。

〔6〕孙中山先生幼年在夏威夷，便因为有心受洗为基督徒，而被长兄斥令回籍的。

〔7〕一个生产技术十分原始的农业社会，不可能允许百分之廿以上的劳动力脱离生产。所以该社会内的"专业文化工作者"，也就是传统的"读书人"，亦不可能超过全人口百分之二十。所以一个农业社会内"文盲"众多实与文字的难易无关，而是经济条件不足的结果。

〔8〕由隶书到楷书、行书的变化是微不足道的。

〔9〕胡先生告我他早年颇有心要研究汉代的古文家刘歆。后来看到钱宾四先生的《刘向刘歆父子年谱》，深服钱氏的功力，乃力荐钱先生赴北大任教云。

〔10〕我国传统社会里，四民之首的"读书人"的专业便是"读书"。读好了，就做官；读不好就"教书"；都是以"书"为中心的。所以有些外国社会学家认为中国人的职业前途只有一种，那就是"读书上进"；因而中国的社会，也是个"一种职业社会"（single career society）。

〔11〕为初生男婴生殖机构割除包皮，是古希伯来人的宗教仪式之一。

▼

“我的朋友”的朋友
——回忆胡适之先生与口述历史之八

五六

胡适之先生自称是有"考据癖"的人。但是有许多直接和他本身有关的事，他反而"考据"不出来。

一次我问胡先生"我的朋友胡适之"这句话是谁首先叫出来的呢？

"实在不知道，实在不知道！"胡氏笑嘻嘻地回答我。

"有人说是傅斯年，"我说，"但是又有人说，另有其人………究竟是谁呢？"

"考据不出来！考据不出来！"胡先生笑得非常得意，笑得有点像上海人所说的"贼忒嘻嘻"的。

笔者也曾问过适之先生的老朋友如李润章（书华）、李幼椿（璜）诸先生。这些老前辈也言人人殊。因而民国史上这句《世说新语》式的佳话——"我的朋友胡适之"——也就不知道是"胡适之"的哪个"朋友"叫出来的了。

我国古书上时常描写一些名人，说他们"交游遍海内"，又是什么"生不愿封万户侯，但愿一识韩荆州"等等。等到这些名人死了，又是什么"国人道哭"，什么"知与不知，皆吞声流涕"一类颂扬的话。以前我们读古书，总以为那是"白发三千丈"一类的文人夸大之辞。孰知民国时代出了个胡适之，他竟然把历史上这些不可信的故事，一个个都活生生地表演出来！

胡氏生前真可说是交游遍及海内外。上至总统、主席，下至企台、司厨、贩夫、走卒、担菜、卖浆……行列之中都有胡适之的"朋友"！

笔者在纽约和胡先生一起去吃小馆子——多半是他领我去的——即时常看到那遍手油腻的厨司匆匆地从厨房跑出，两手在围裙上大擦之后，来和"大使"握手的。他二人谈笑风生，真像是他们学生时代一起打工的老朋友一般。

一次餐毕，我从洗手间出来发现胡老师失踪，我因而到马路旁的店铺内乱找一阵；原来他老人家为着等我，却跑进厨房内和一些工友们，大聊其天！

胡先生当然也替我向他这些"老朋友"们介绍。因而那些希腊、意大利、法国、德国、荷兰……移民的大厨子、总企台、老掌柜……也就知道我是"侯大使"的"我的学生"了。他们对Hu大使的"Hu"字的音发不准，而群呼胡公为"侯大使"。胡氏有时亦自称"侯博士"，听来十分可笑。事隔多年，一次我旧馆重吃，一位希腊企台还记得我是"侯大使的学生"！

以前美国国会图书馆馆长，嗣任联合国文教组织（UNESCO）主任，最后在哥大混饭吃的大官僚卢索·晏文斯（Luther Evans）也曾告诉我一个有关胡先生的趣事：

珍珠港事变前，我国北平图书馆有数百部善本书运至华盛顿托美国国会图书馆代为保存。后者认为是件文化大事，所以当该批书籍在国会图书馆开箱时，美国国务院和该馆馆长特地敦请中国大使胡适，并派大员相陪，同往书库察看。谁知这位"大使"是个"书迷"，他一进书库，便如入宝山，情不自禁地席地而坐，旁若无人地看起书来。一看便看了个把钟头，把那些陪他前来，而与"善本"无缘的外交大员和图书馆长，冷落在黝暗的书库走廊，踱其方步。最后"大使"才从书堆里提着上衣，笑嘻嘻地走了出来，和这批要员们大谈其"善本"的经纬！

这些小事，在他们所谓"外交使节"的圈子里，都认为是"有失身份"的事，但是胡适之我行我素而不自觉。别人也认为他是位"学者大使"，因而他的怪行反而传为佳话了。

笔者也靠管理图书吃饭有年，有时也忝陪大员入书库踱方步。其中亦有学者政要，一见琳琅插架便有如晤故人的反应。但我觉得他们的反应没有胡适之反应来得自然和真切。胡先生基本上是位书生，爱书成癖。所以一旦遇到如许善本书，他便真情流露，忘其所以。这也该是所谓有"原始性"（instinct）的个人行为，和"表演性"（performing）的个人行为，区别之所在罢

我国古语说："唯大英雄能本色，是真名士自风流。""大英雄"和"真名士"岂是"搔首弄姿"所能"表演"出来的啊！

五七

胡适之有一种西方人所说的"磁性人格"（magnetic personality）。这种性格实非我国文字里什么"平易近人""和蔼可亲"等形容词所能概括得了的。有这种禀赋的人，他在人类群居生活中所发生的社会作用，恍如物理界带有磁性物体所发生的磁场。它在社会上所发生引力的幅度之大小，端视其在社会中影响力之高低；影响力愈高，则幅度愈大。

这种磁性人格在古往今来的许多的大英雄、大豪杰，乃至诸子百家和宗教领袖，以及草莽英雄的性格之中都普遍存在。但是这种人与人间的吸引力却是与生俱来的，是一种禀赋，是一种"上帝的礼物"（gift from God）。它不是一个道德家（moralist）可以用修养功夫修养出来

的。"修养功夫"深的道德家、哲学家或宗教家，他们可以为"圣"，为"贤"。但是"圣贤"可以引起社会上的"尊敬"，却不一定能讨人"欢喜"。

反之亦然。一个"掷果盈车"的梅兰芳、贾宝玉，或"天下一人谭鑫培"，他能讨尽人间"欢喜"，却不一定能引起社会上普遍的"敬重"。能使社会上普遍的"敬"而"爱"之者，那就是胡适之这种具备有磁性人格，而他在社会上又无拳无勇，既不招忌，又不惹恨的传统社会里所产生的所谓"清流"了。

除去他这种先天禀赋之外，胡氏当然亦有其常人莫及的修养功夫。凭良心，胡适之该算是个真正当之无愧的"君子"了。他治学交友虽深具门户之见，但是他为人处世则断无害人之心。俗语说："害人之心不可有，防人之心不可无。"如果当今世界上，人人都像胡适之，老实说，人类的"防人之心"也大可不必有了。我断不相信这个世界上，会有人为胡适之暗箭所伤的。

这一点，当然除了胡氏个人的禀赋和修养之外，他一辈子没有卷入过"害人"或"防人"的环境，实在也是维持他一生清白的最大原因之一。

再者，胡氏绝顶聪明，兴趣的范围广，欣赏（taste）的境界高。因而他在各行各业里所交游的都是些尖端人物。在这种情况之下，因而忌妒他的人也就不会太多。

金岳霖先生说："西洋哲学与名学又非胡先生之所长！"这就很明显的是一种"文人相轻"的心理在作祟。但是在中国哲学界里像金氏这种能够和胡氏"相轻"一下的"文人"也实在不多啊！在文学、史学、宗教等各行各业上，其情形亦复如是。相轻者既鲜，剩下如我辈的芸芸众生就只有"爱而且慕"了。这也该是"我的朋友胡适之"所以能为举国上下一致接受的主要原因罢！

加以胡氏气味好，有所为，有所不为，深知自重，因而纵使"批胡"或"搞胡祸"的专家们也断难信口雌黄，骂胡适之"无聊""无耻"或"无行"。他们如果以三"无"中的任何一"无"来加诸胡适，也就会"不得人心"了。无聊、无行乃至无耻之人，在今日世界里，真是滔滔皆是！但是，凭良心，不是胡适！

笔者作此论断，深知师友中持反对意见者，亦大有人在。但是我们月旦时贤，却不可把任何历史性的人物，孤立起来加以分析。任何历史性人物在历史上的地位都是相对的。写历史的人不但要把受批评者的道德文章，与其他时贤互比；执笔者更应在人类所共有的七情五欲上，推己及人。如此则高山仰止，景行行止，我们对胡老师的公平评价，虽不中亦不远矣！

五八

胡老师是有高度国际声望的人，因而他那人格上的"磁场"也就远及海外。五十年代初期，美国颇具影响力的《展望杂志》（*Look*）推举出一百位当前世界最具影响力的伟人，"胡适"大名亦荣列其中，为百人帮之一[1]。但是这批推举者显然但知"胡适"其人，而不知"胡适"其事。因而他们推举的理由——"发明简体语文"——连胡适也不能接受！

"世界上哪有什么人能'发明'一种文字呢？"胡先生笑着向我解释。

"仓颉！"我说。胡先生为之大笑。

我又问他："既然他们对你的贡献并不太清楚，为什么偏把你选进去呢？"

"他们知道我的名字！"胡氏肯定地说。

知道"胡适"的名字也就够了，贡献是必然的；贡献太多，不胜枚举。搞个"发明"出来，也就可代表一切了。

还有个洋人最耳熟能详的故事。

珍珠港事变前有位芝加哥大学教授史密斯（Thomas Vernor Smith）当选众议员。胡氏因为与他有一饭之缘，得知其当选，乃柬请他来中国大使馆晚餐。孰知这位史议员，纱帽初戴，官常欠熟；他在华府下车伊始，手忙脚乱。餐会时间已近，他匆忙叫了部计程车，赶往赴宴，据说他在车上忽然想起，他还不知道主人的名字，乃询问计程车夫，车夫哪里知道。好在与"大使"吃饭并不要叫名字，满口"阁下""大使"……也就足够应付了。所以终席宾主尽欢。

宴会结束之时，"大使"送客，当然也免不了"欢迎到敝国旅游"一类的话了。

"中国我是一定要去观光的！"史议员肯定地说，"我到贵国观光，我第一个要拜访的便是我的朋友胡适博士……大使先生，胡适博士现在在什么地方呀？"

大使闻言，笑颜大开。他回答史议员说："胡适就站在你的对面啊！"

二人乃相拥大笑！

史议员既然连胡适做了驻华府大使也不知道，他显然对胡适在中国究竟搞了些啥名堂，也一无所知；既然对胡适博士一无所知，那他为什么到敝国观光，第一个就要拜会胡适博士呢？

这问题说穿了也无啥费解！

胡适之在纽约做寓公期间，好多人都笑他是纽约的中国"地保"。

纽约又是世界旅游必经之地。途过纽约的中国名流、学者、官僚、政客、立、监、国大代……一定要到胡家登门拜访。过纽约未看到胡适，那就等于游西湖未看到"三潭印月""雷峰夕照"一样，西湖算是白游了。胡适之也就是纽约市的"三潭印月""雷峰夕照"……是纽约的八景之一。路过纽约的中国名流，如果未见到胡适，那回家去，真要妻不下织，嫂不为炊，无面目见江东父老了！

加以胡适之生性好热闹，来者不拒，见者必谈。他又见闻广博，学富五车；任何小题目，都能谈得丝丝入扣。访客愈多，兴趣愈大。纵有些面目可憎、言语无味的客人，胡氏亦绝不慢客。所以他的纽约寓所，简直是个熊猫馆，终日"观光之客"不绝。施耐庵说："吾友……毕来之日为少；非甚风雨而尽不来之日亦少；大率日以六七人来为常矣。"这个东郡施家，就颇像纽约的胡家。只是施家的客人是常客，胡家的客人是过路游客罢了。

胡适之的磁场，其吸引力是可惊的。片刻坐对，整日春风。"我的朋友胡适之"也就交游遍海内了。

抗战胜利后，戴雨农将军撞机身死，文人章士钊挽之以联曰："誉满天下，谤满天下……"本来吃戴将军那行饭的人，誉满天下，谤亦随之，原是避免不了的。但是吃胡博士那行饭的人，就不同了。他虽然誉满天下，但是谤从何来呢？有英雄行径的人，总欢喜说"不招人忌是庸才"！吾人如把胡先生的"学问"和"事功"分开来算，就"事功"而言，胡老师原来就是个"庸才"啊！有谁又去"忌"他呢？

如果一个人，大德无亏；别人硬要批评他，那就只有观其细行了。吾人如观胡氏之细行，既然"无聊"二字亦不能加之于他，那么"无耻""无行"就更无胡适之份了。在这三无遍地的世界里，一个名满天下，而三无皆缺的书生，"我的朋友"之受人爱戴，也就不难理解的了。

史密斯议员虽然当面也不认识他，但是如果到中国观光，还是要慕名拜访，这又有什么值得大惊小怪的呢？

五九

二次大战以迄于今，三十年来中国文化史上忽然出现了一个前所未有的、古怪的知识分子集团曰"留美学人"。这批"学人"基本上是在中国受过大中学教育，然后浮洋至新大陆，在那里又参加了变相的美国科举，取得了或大或小的洋功名；嗣后又向美国政府申请到"绿卡"（永久居留权）以至"公民权"，从此便在异国定居。故乡无此好湖山！此间乐，不思蜀矣。

这些原都有高度专业训练的中国知识分子，既然谋生异域，日子久了，他们也就打入美国各行各业——尤其是高等教育界，俨然变成一支小小的生力军。我国以前军队里面有句话叫"无湘不成军"。在今日美国的高等教育界，也几乎是"无华不成校"。北美洲稍为像样点的专科以上学校，差不多都有中国教授，其总人数盖在万人以上！

中国人之所以能在美国高等学校内一枝独秀的道理，实在因为美国教授生活最适合"百无一用"的中国书生的脾胃。做教授要有专业知识，要有最高学位。这些都是急功近利的美国知识分子所不愿为、不屑为也不易为之事，但却是中国知识分子之所长、之所好。教书生活安定，人事单纯。经济收入，虽胀不昏，也饿不死。一个"清高"的头衔，也足使礼仪之邦出来的穷秀才，发生足够阿Q式的自满；也可使远在港台的父母亲大人，乃至丈母娘、未婚妻，提起来笑逐颜开。教授！教授！你真是个中西通用，长幼咸宜，港台大陆都可唬人一下的好招牌！

胡适之先生事实上也是这个新兴行业中的基本队员。他十九岁留学来美，一住七年。嗣后短期旅行不算，一九三八年又以钦差身份驻美，四年任满便在纽约当寓公。战后除了担任短期北大校长之外，跑回纽约再住又是十年。人生七十古来稀！前十年幼小，后十年衰老，当中只有五十年，胡老师有一半都在美国过了！你能说他不是一位十足的"留美学人"？胡公之所以与众不同者：一、他未申请过"绿卡"；二、未和美国人抢饭吃罢了！

从胡适而下这一批旅美学人，他们彼此之间虽然长幼有别，科目各异，穷通互殊；但是一般说来他们的思想状态，和社会行为，大致也跳不出几个典型。

欧美留学生以前即时常被国内的批评家咒骂为"崇洋媚外"的"买办学者"。鲁迅、郭沫若都曾以这种恶言恶语咒骂过胡适的。他们认为胡适者流，就是以西洋观点，研究汉学；在意识形态上，为帝国主义侵华开路的。

本来，任何大的社团，其中成员都是很复杂的。旅美学人既以治学为职业，其中部分人士，接受纯洋观点，以研讨中国学术思想，也是逻辑上的必然。例如有些西方的著名汉学家（Sinologist）就时常把"民族国家"（nation-state）兴起以后才发生的诸种现代观念，强加于传统中国。这种在现代史学上叫作"现时观念"（Present-mindness）的偏见，如据以剖析西洋社会本身之发展，已犯为学之大忌；如据以推论中国历史，当然更是凿枘不投了。

即以今日欧美学者研究我国元、清两朝的史实为例罢。他们有些学者发现两朝鼎盛之时，汉人安居乐业初无反抗之意，便认为汉民族有习于异族统治的传统；因而他们也就在传统的中国政治思想史上，硬加上一章汉民族亡国安心论了。

这批洋学者错读中国古书，他们不了解蒙、满两个边疆民族入主中原以后所建的政权，基本上是个"中国模式"（Chinese state）的王朝。这个"中国模式"之采取，早已是孟子所说的"以夏变夷"以后的事。换言之，即是中国边疆少数民族在意识形态上早已向汉民族投了降，也可说是汉民族在意识形态上的"反征服"。试问元世祖和康熙、乾隆诸帝，除了一条辫子之外，又与"汉人"何异呢？

"辫子问题"实在太小了。如果我们汉民族，大事不管而津津于一条辫子，那我们也就变成日本人和以色列人了，哪里还谈到什么"汉家法度"？！老实说，大美帝国今日的泱泱之风，亦不逊汉唐，不愧为今日列强之首。不久将来，白宫也会出个黑主。等到美帝黑主临朝，你能说，美国人民是"习于黑人统治"？

所以我国元、清二朝是汉民族安于汉家的政治体制，而非习于异族统治！当年北伐战争时，民间舆论曾有句话叫"军事北伐，政治南伐"。满蒙二族之入主，也是"军事南征，政治北征"啊！华夷相安，各有取舍，又何足异？

再者，在传统的东方式的"宇宙国家"（universal state）里，华夷之辨本不以皮肤颜色，或部落主义（tribalism）为标准的。这批洋学者以近百年来西方"民族国家"的政治观念，强为传统东方社会发展之诠释，实是不折不扣的"现时观念"和"欧洲中心主义"（Eurocentrism）所产生的偏见的最好例证。

西方学者研究中国近代史，有时也有类似的偏见。

清朝末季，中国政府由于禁止鸦片，和对外贸易不热心而引起了"鸦片战争"。后来为反对西人在中国内河航行和在内地传教，又引起了"义和拳"一类的群众暴动。为解释这一现象，部分西方学者又把上述理论扭转一百八十度，说中国政府颟顸，无理反对外贸；中国人民愚昧，传统、盲目排外（anti-foreign）；所以"鸦片战争"和"八国联军"者，非鸦片与宗教之过也。不管鸦片、米片、麦片或尿片，中国政府反对任何一片，这场战争都是免不了的；只要中国人民继续排外，则八国联军、九国联军，也都是必然的后果！

在这些学者看来，哪个国家有像中国那种愚昧和落伍呢？传教为你好，你为什么，一定要反对呢？（他们把中国当时的社会经济诸条件，一笔抹杀，他们也不能解释今日美国人为什么一定要反对文明？）大规模的国际贸易，也是为你好，你为何一定要搞出个"十三行"在广州一口，统购统销呢？这种闭关自守的愚昧民族，不临之以坚船利炮，它哪知好歹？！所以"鸦片战争"与"八国联军"者，实是"白人之负担"（White man's burden），为文明进步，振聋发聩，不得已而用之兵也！

可恨的是，中国人生性保守。一百年过去了，现在的洋主教洋牧师还是不能在中国内河航行，内陆传教；那些变相的"十三行"还不是在广州一口，大搞其统购统销？大英帝国的炮艇艇长们，再把铁船开入虎门，轰它两炮，不又可签个虎门条约，恢复五口通商了吗？他们不此之图，而遇事战战兢兢，真把女皇陛下懿面丢尽。约翰黄牛！亦何前倨而后恭也？

不过西方学者持此前后矛盾之论，实情有可原。因为在今日完全商业化了的西方学术风气之下，一些"思过于学"（我不敢说"思而不学"）的学者，标新立异以哗众取宠，原不足怪。何况西人研究近代东方的第一部书，大半都是在炮船上写的呢？他们既未经过五四运动，又无文化革命，这种炮艇史观，一脉相贯，永垂不朽，正表示他们基殖深厚，学有师承！

本来，两国争雄，自相称述，饰辞矫说，各掩其弊，这种刘知几所说的历史学上的"曲笔"，和历史家的"厚颜"，原是中外古今外交史家的通病。有的是因为是先入为主的观念——如上述炮船史观——在作祟，而执笔不知其"曲"；有的是因为血浓于水，各为其主，执笔者脸皮太厚，良心太黑，而"各掩其弊"——如西方国家所发表的什么"蓝皮书""白皮书"，就是属于这一类。但是不论怎样，芳邻的隔篱之论，正可为我辈闭门造车的冬烘学究作借鉴，启发我们读书的"烟丝披里纯"，帮助我们探索治学的新方向。检讨过去，瞻望未来；有则改之，无则加勉，实未可厚非。

但是有高度中西训练的华裔学人，如果乱拾西人牙慧，瑕瑜不分，随声附和，那就不足为训了；如因学术思想之变易而兼及社会行为，那就更不好了。

当年鲁迅、郭沫若辈所诅咒的欧美留学生，该是这一模式里的典型人物。不过这一模式实非欧美留学生所专有，亦不限于"右派学人"，"左派学人"中亦所在多有。

事实上，周、郭二氏由于对西洋学术思想并未真正搞通，他二人在论学治史上，小脚放大的皮相之论，有时即自陷于这一模式之中；因而他们骂起人来，往往反是有点自嘲自讽！

胡适之先生这位科班出身的学者，由于对中学西学都有相当程度的"通"，所以他反而不属于这一模式！真知胡适者，或不以鄙言为过誉！

六〇

在久居异域的留美学人中，与洋人往还亦有深得西术之三昧者。他们颇能排除尾巴主义，知道以其人之道，还治其人之身，而与之共存共荣的。这大概可以算是第二种模式，也是比较年轻有为的一种模式。

美国人的社会基础是建立在极端个人主义之上的。他们人与人之间的关系，如无个人利害夹杂其间，则守望相助，疾病相扶持；友朋之间，周而不比，固亦恂恂然基督教文明中君子之风焉。但是一旦彼此间夹杂利害，那就是另一回事了。笔者前文就曾强调过，他们人与人之间的关系是"有礼无让"的。

"无让"不一定就是"不仁"。美国社会也是有仁有义的。不过他们重义行仁却是行有余力以后的善行。在他们各为己利相竞争，余力不足之时，大家相处则是绝对的"在商言商"（Business is business.）。所以"人不为己，天诛地灭"这句话，在一般西方人看来，并无大错。"为己"是他们商业道德的百善之首。大家都为己，所以他们的口头禅便是"如果你不保护你自己的利益，谁替你保护呢？"（If you don't Protect your own interest, who will? ）如此，则社会上愈是性存侵略、能得寸进尺的贪夫，便愈有办法，也愈为社会所称许。人与人之相处如专以"侵略"（aggressive）相尚，则同事同伙同僚之间有利害冲突者，则防友如防贼。你一不小心，你的"利益"就要被人家"剥削"（exploited）了。

久处异邦，渐谙斯人之道，我们读《资本论》才能得其精义。马老终篇"剥削"不离口，旁观者清，原来是这么回事。威尼斯商人的舞台造型，是莎翁的夸大吗？超工业化的美国社会，何处而非威尼斯？美丽的长春藤盟校校园之内，威尼斯精神亦浩气长存，遑论其他！看汉译洋书的人，怎能领略十里洋场的经纬！

笔者在纽约便做过许多次"陪审官"（juror），在纽约区法院民、刑二庭之上"听讼"无数次。深觉各案中两造律师的辩论与法官的判词，都以专钻法律漏洞为能事。至于民、刑诉讼中的天理、人情、良心各方面则全被丢入茅坑，毫无考虑余地。久听刁顽之讼，我才领悟到我国老陪审官孔丘所说的"听讼吾犹人也，必也使无讼乎"的感慨之所寄。我们酸溜溜的满腔妇人之仁，以"听樵断讼"为美德的中国士大夫在美国真活该饿死！

我们的下一代因而也就摸透了所谓西方社会的底蕴。有许多在观念上也可全盘西化了。丢下了自己农村传统文化沉重的包袱，而加入白色"主流"（mainstream），与洋朋友折冲樽俎，在商言商；如此亦可以平等互惠，如鱼得水。这种彻底美国化的华裔——也是今日美国学运中，亚裔小革命口中的所谓"香蕉"（以其外黄内白也）。

本来，罗马帝国是和我们大汉帝国一样伟大的。既入罗马，即学罗马人之所为。入境从俗，"变于夷者也"又有何不好？只有孟轲那个老夫子，才要坚持他的"本位文化"呢？胡适博士就不是那样自尊自大的冬烘遗老，不管什么都是中华文化第一。他老人家生前言必称美国，毕生讴歌"西方文明"，死而后已！

真是，香蕉！香蕉！吾胡老师于尔有厚望焉！

但是适之先生自己是不是一只大"香蕉"呢？绝对不是的。因为"香蕉"不是任何中国知识分子可主动地去做的。要做香蕉，一个华裔知识分子要丢掉他全部的文化包袱，去做个"真"洋人。这一点不但胡适做不到，绝大多数的"留美学人"都做不到。丢文化包袱，直如挟泰山以超北海，谈何容易！

一个华裔知识分子，如果情根未断，放弃不了他自己的"文化传统"（cultural heritage），那他就是留美学人中的第三种人了。这种人，第一，头有傲骨，生命里有种酸劲，叫作"身可杀，志不可辱"。因而在许多带原则性的问题上——如著书立说，立身处世等——他往往要坚守他自己文化背景上的"价值标准"（standard of value），不从众，不随俗；在异族社会里往往变成一块茅坑里的石头，又臭又硬。这一点在与他价值观念完全不同的洋朋友、洋上司或洋同事看来，则似乎是行为乖僻，有时简直是"无礼"（bad manners）了。第二，这种中国知识分子，多半在个人实际名利上，能忍能让。但是他那种忍让行为，在他的美国同僚看起来，根本不算是"美德"（virtue）。相反的，那是他"甘愿放弃他应得的利益"。在美国社会里，这种人最多只能算是个"好人"（good man）。而"好人"在英文字典里的真义则是"笨伯"（fool）的同义字。

因而这种人"无礼有让"的习性，和"有礼无让"的美国社会，正背道而驰。但是他们既在美国混饭吃，为什么不能"入境从俗"而偏要墨守于他不利的"非美行为"（un-American behavior）呢？这就是两种不同的道德观念之内，不同的价值标准在作祟了！

有些老华侨，贫病交迫，仍要力疾做苦工，绝不愿领取"社会救济金"（on welfare）。这种"不食嗟来之食"的酸劲，也就是"价值观念"（sense of value）的问题；而接受"救济"的行为，洋人年轻力壮的小伙子亦优为之，印度和菲律宾移民，下船伊始即优为之，而老华侨不为！是耶！非耶？

胡适之先生——我敢断定——就是身填沟壑，他也不会"降志辱身"到洋衙门去看人脸色、乞讨"救济"的。胡氏在祖国同胞的想象中，可以说是"洋气"不堪了。其实把他老人家和一些年轻的"香蕉"对比，他却显得冬烘、迂腐；洋气云乎哉？胡先生是个好人。幸运的是这个"好人"始终没有"降志辱身"在美国讨饭吃；否则美国的月亮，对他老人家也不会是那样的圆了！

六一

这些留美学人的众生相，如细说从头，实在都是社会学、社会史学、民族学（ethnology）、比较文化学，乃至写实文学上极有价值而罕见的资料！

以前"白马社"时期，胡先生不但嫌我们的作品在消极方面犯了"无病呻吟"等诸"不"之大忌；在积极方面也未能掌握"现实题材"从而延伸其幻想（imagination）。他主张"作诗如作文"，并且诗文的全篇要有一定的"plot"。在胡老师鞭策之下我也每想从现实题材——留美中国知识分子的生活和思想——为背景，学习写一点有"plot"的文学习作。以下便是我在日记里找出的——曾经胡公○○××过的两首"咏物"的新诗：

企 鹅（The penguins）

原生在最热的赤道。
因为是弱者，
被赶到最冷的南极——
那失去温暖的地方：
全是冰山，
没有金矿。
商人不愿来！
野兽不愿来！
让不染纤尘的积雪，
保持了洁白的胸膛。

踱来踱去，

在冰块上；

看，海天边际，

一片汪洋！

永远地站着；

挺着脖子！

像，检阅台上的首长！

夜总会里的茶房！

可不替绅士服务，

也不在苦难人民的面前，

装模作样！

一九五六、四、二二

烟蒂

凭着点没有火的烟，

给别人吹嘘！

是光荣吗？

经常挂在主人的嘴里。

善良的囚犯们，

对你多么留恋！

为着高贵！

豪华的少年，

却尽速把你抛弃。

大腹贾们笑了，

把你高举在胸前，

对跳楼的人表示胜利。

狰狞的大独裁者，

也和善地吻吻你；

他红笔圈内的集中营，

这时正血腥遍地！

你骄傲了！

在黝暗的舞会走廊里，

让贵妇们的口红，

染遍了外衣！

主人要丢掉你了，

当你吐尽最后一口气；

在被扼死的废墟里，

挤满了伙伴的尸体！

一九五六、四、一〇

　　胡先生说我的前一首"还不错"，因为"penguins"就是这样的啊！后一首不是什么有没有"plot"的问题，而是意思有点尖刻。他讲笑话，说是"变风""变雅"！所以在胡氏的灵魂深处，他不知不觉地还保有古老的"温柔敦厚，诗教也"的旧传统。我们这一辈，在中学时代把鲁迅读烂了，所以一落笔，就"变风变雅作矣"。一经胡公点破，也颇自觉有失温柔敦厚之道；士君子读书作文，为什么一定要走鲁迅那条尖酸刻薄的道路呢？胡适的《尝试集》里，就没有一首"变风、变雅"的诗！

　　如今胡公已作古多年，笔者亦自哥大转业他校。回首哥大当年，那为人处世最温柔敦厚的前辈——也是该校师友言明要我们"东方人"向他学习的——莫过于东洋人角田柳作先生了。这位"老讲师"先后在哥大服务四十余年，"退休"三次。二次大战时，美军里一大批"日本通"都是他的学生，而他自己则被捉将官里去（因为是日裔移民的缘故）。出狱后，无怨无尤，仍然勤勤恳恳为大学服务，无名无利，以一"讲师"职位，而终其身；一生忍让勤勉的风范，真是活生生司图女士笔下的"汤姆大叔"〔2〕！其辛苦忠诚的情况，也极像中国以前大户人家的老奶妈。喂孩子、换尿布、摇摇篮……数十年如一日，诚实可靠，上下咸钦。如今带过的少爷小姐都长大了，各自成家立业，老奶妈也到死的时候了。角田先生年近九旬，行将就木，忽然怀念三岛，希望落叶归根，故乡埋骨。孰知天道之亲，不与善人，他老人家力疾西飞之时，富士已遥遥在望；怎料一口气不来，竟寿终于檀香岛上，距东京下机，仅数小时耳。

角田先生噩耗传来之时，哥大师生莫不惋惜。追悼会中，笔者亦随师友之后，含泪俯首，悼念此一代完人！角田先生一生淡泊明志，宁静致远；头无半片傲骨，心存百般忍让！一朝溘逝，宜同人之哀也。他一生自是不朽，他也替我们东方旅美学人，刻画出了第四种模式！

像角田先生这样的人，在传统农业社会的"东方"，他不是什么"三圣七贤"之一，至少也是个"忠厚长者"的"好人"，是社会——尤其是学术界、教育界——标榜的对象。但是在一个工商业的社会里，尤其是今日各以"侵略"相尚的社会里，尤其是一位"东方人"（Oriental）生存在这个"侵略性"极强的西方社会里，别人早已认定你的皮肤颜色，就决定你生活应有的方式的情况之下，你是否应该把主观向客观认同，去做个黄色的"汤姆大叔"，或东洋"阿妈"呢？

"俯首甘为孺子牛！"无疑义是符合人性的。但是在小东人驱策之下，"俯首甘为主子牛"是不是合乎道德标准，那就大有问题了。六十年代以来，美国少数民族的青年学子，血气方刚，他们群起反对"香蕉"，反对"汤姆大叔"，就是从这个"不疑处有疑"的道德观点出发的！

六二

上节所述的四种"模式"当然只是笔者个人的"大胆假设"，是就一般情况来说的。它们之间是没有什么明确界限可以划分的。笔者断不敢把旅美同文，妄加分类；更不敢以一己鄙见，臧否时贤。只是因为身居异域，对一己的立身处世，时感恍惚；对教育子女，尤觉方向不明，才有此种臆断。

所谓旅美学人的众生相，在祖国的亲友和读者看来，只不过是一篇新闻报道；甚或是一篇空中楼阁的小说，无关痛痒。但是对一个旅美华侨的本身来说则是个"切身问题"；是他本人"立身处世""教育子女"，方向选择的问题！

他应该教他子女"习鲜卑语，弹琵琶，以服侍公卿"呢？

他还是任他们"穿洋服，吃大餐，只恨眼珠子变不蓝"，去做只"大香蕉"呢？

还是甘为"茅坑石头"，一无是处呢？

还是训练他们"忍让为怀"，取法先贤，唾面自干呢？还是另有其他方式，兼采中西之长呢？

这个文化冲突（conflict of culture）中的抉择问题太大了。我国近百年来的知识界，所困扰的也就是这个抉择问题，不过这个百年长存的问题，没有像他在"留美学人"社团中，所发生的那样尖锐罢了！

胡适之这位留美学人对我们这些切身问题有没有什么明确的教导

呢？我翻遍他数十种著作，所发现的只是一些"女子为盗所污"等零碎的答案。他对东西文明传统（heritage）上观念之冲突，和农业社会与工商业社会内人民精神生活之变易，对我们并无有系统的交代。胡氏生前，我默察他老人家，交游言谈，涉及这些问题，也是不成篇章之论；所以笔者以上诸篇曾一再提到胡氏未搞出一套完整的理论，便是这个观察的结论。

六三

适之先生"交游遍天下"，但是俗语说"知心有几人"？真是替他老人家说的，晚年在纽约做寓公的胡适简直可以说没有朋友。

文人的朋友大致有两种：孔夫子的朋友是友直、友谅、友多闻；施耐庵的朋友则是友谈、友吹、友吃喝。这两种朋友胡公几乎都没有。至于江湖上的"刎颈之交"和西洋人的"能济缓急的朋友，才是真朋友"（A friend indeed is a friend in need.），那就更谈不到了。

胡适在纽约没有朋友的理由很多：

我国古语说"衣不如新，人不如故"，胡氏年近七旬，寓居异域，"故人"本已不多。就笔者旁观，胡先生这一阶段内的真正朋友似乎只有李书华先生一人。李先生是位科学家，年高德厚，为人又极其淡泊纯真，又有极厚的书卷气，晚年在纽约退休以治科学史为消遣。李公治学之认真实和胡公搞《水经注》相伯仲，所以这两位老人家在一起大有"学问"可谈，而李氏又无求于胡氏。"君子之交淡以亲"正是他二老友情的写照。

李氏之外，胡公似乎再无第二个可以缓步公园、闲谈往事的"故人"了。胡适之是位"学者"，谈学问是他终身之所好，而他的老朋友大多学优而仕，从此一去不返，而他们与胡适友谊的关系，往往却是他们搞政治的本钱。持胡适大旗而舞之，他们和胡氏因而也就没有什么"学问"好谈了。学问之外，中国男人谈话资料那就莫非政治和女人了。胡适何可谈女人？！因此他们朋友之间的话题就只剩一个——鸡毛蒜皮的政治。幸好老胡适对鸡毛蒜皮的兴趣至大，他公寓内访客如云，他老人家笑口常开也就乐此不疲了。

再者，一些学者如把书袋丢得干净而沦为官僚，其言语无味，面目可憎的程度，往往甚于职业官僚。因为职业官僚多少还有其职业上的"本色"，而半官半学的官僚，妾身未分明，反而两无是处！

搞学问本是个"曲不离口"的专业，是荒疏不得的。俗语说"秀才三年成白丁"。一个成了白丁的秀才，如再回头和白鹿洞主谈学问那就很难投契了。加以胡适之又是个十项全能、高等常识异常丰富的大文化人，你和他"外行话"是不可乱说的。笔者在无数次集会或社交场合之内，就亲自见到这种尴尬的场面。我默察胡氏的反应，看他技巧地把话题转换，也真难为了他！

如果"我的朋友"的朋友，与"我的朋友"在社交场合，除掉鸡毛蒜皮的政治之外，连聊天的题材都没有，那么"我的朋友"的朋友也就不成其为"我的朋友"的朋友了。

胡适之在学术界里的地位太高了。他和许多最高级政治领袖在政海中一样，一言九鼎，所以对许多问题除掉哼哼之外，他是不能随便答腔啊！这或许也就是人物愈伟大，朋友愈少，生活愈孤单的原因之所在罢！

六四

　　"我的朋友"既然对"我的朋友的朋友"要谨言慎行，他们之间的往还也就难免肤泛空虚。"人之相知，贵相知心。"肤泛空虚或有所为而往还的往还，也就无"知心"之可言了。因此胡先生真正感觉到"言论自由"和"精神愉快"的还是与他那些大厨、企台、担菜、卖浆、理发、擦鞋……的"朋友"们的谈笑。胡适之这个大企鹅是不会装模作样的；他和他们笑谈之乐是他个性使然，而他们对他也是纯真的既敬且爱。听说他死后出殡的路途中，居然三轮车夫也拈香道祭。试问这些拉车的朋友何所求于棺材里的胡适之呢？这种出于衷心的敬爱，才是真正的敬爱啊！

　　除此之外胡适之先生感到最自由快乐的，那就是与他的后辈和"学生"们在一起的时候了。胡氏最大的兴趣是"讲学""教书"或"传道"。胡氏平辈的朋友们，虽总十个有九个半可以做他的学生，但是他对这批朋友则既不能讲学，又不能传道，更不能教书！在这方面，胡适之真是"不自由，毋宁死！"但是他对他少数晚辈和"学生"就不然了。对他们，他享有绝对的，也可能是唯一的言论自由了。

　　他可以对一批胡涂无知而对他十分真诚尊敬的学生们大谈其什么、什么人或团体"混账"！（胡适也是人，并不如我们想象中的"道学"。）他也可以说某种某种团体"是个既得利益集团"，某个某个人是来"watch我的"！这种话"我的朋友"在"我的朋友的朋友"之间是绝对不会说的。

　　还有，适之先生基本上也是个国学大师，他的治学大体上也是以"整理国故"为主的。离开古籍，正如他自己所说的，"胡适之就'缴械'了！"加以他又门户之见甚深，又不阿从俗好，所以他对未读过

《古文观止》《唐诗三百首》和《红楼》《水浒》的后辈也不大"谈得拢"。他老人家虽然一辈子"西洋文明"不离口,他对真正受有彻底"西洋文明"洗礼而与"国故"无缘的"香蕉"反而无话可谈,因而和胡氏往还的后辈,多半都是上述第三、四种模式里的文法科留学生。在他们的圈圈里,他俨然是个在冰块上踱来踱去、呱呱而鸣的大企鹅王(king penguin)。

不过随胡老师在冰块上踱来踱去的小企鹅们也知道,他们队里的大王基本上是个学者、思想家乃至传教士;他不是个政治领袖。胡适之是造不了反的。他老人家可以"立德",更可以"立言",就是不能"立功"!平时欢喜凑热闹,事未临头,可以说是口角春风,天花乱坠;大事不好,则张皇失措,执辔三失。

胡先生这个懦弱的本性在当年所谓"雷案"中真毕露无遗。他老人家那一副愁眉苦脸,似乎老了二十年的样子,我前所未见,看来也着实可怜的。后来我拜读他那自我解嘲的雷案"日记",尤觉这位老秀才百无一用之可怜。"我虽不杀伯仁,伯仁因我而死!"胡先生对这件事始终是内疚弥深。"百无聊赖以诗鸣!"他老人家只好把南宋大诗人杨万里的《桂源铺绝句》抄来抄去,以慰"我的朋友"的朋友,亦聊以自慰云。诗曰:

> 万山不许一溪奔,拦得溪声日夜喧。
> 到得前头山脚尽,堂堂溪水出前村。

可是等到溪水出前村之时,他老人家已墓草数青矣!

注释

〔1〕Donald Robinson, *VIP:The Wordld's 100 Most Important People*, *LOOK*, Oct.4, 1955.d.40.

〔2〕Harriet Elizabeth（Beecher）Stowe, *Uncle Tom's Cabin;or Life among the lowly*.Boston, J. P. Jewett, 1852.本书为美国内战前，描写黑奴生活，最具影响力之小说。汤姆大叔为一极忠诚勤勉而乐观之黑奴，为书中之主角。

▼

较好的一半
——回忆胡适之先生与口述历史之九

六五

在胡适之先生的生命中，一件国人认为"难能可贵"的，也是一般人所津津乐道的小事，便是他有一位"小脚太太"！

"胡适"这两个字，在近六十年来的中国，可说是一切"新"的、"洋"的事物的同义字了。大家一提到胡适之，心目中的直觉形象，总是一位西装革履、金边眼镜、满口洋文、风度翩翩的摩登学者了。论"摩登"则天下之摩登莫摩登于"我的朋友胡适之"者矣！

可是最能代表"胡适"这个形象的反面的事物——落后、腐朽、肮脏……则莫过于王大娘裹脚布里面的那双"小脚"了。在清末民初，最惹革新人士愤恨的——也是最能象征"落后东方"的具体东西，也莫过于"小脚"和"辫子"了。可是"辫子"问题不大，一剪剪去，烦恼尽除。"小脚"可就麻烦了，因为它既小之后，就欲大不能！所以把"胡适"和"小脚"放在一起，真是太不调和，也太够讽刺了；因此"胡适之的小脚太太"这一概念似乎也就变成民国史上的"七大奇事"（Seven Wonders）之一！

笔者在孩提，便听到家中父执辈闲谈及之而啧啧称奇。嗣后由小学、中学、大学以至于留学，所听到的有关这件"奇事"的讨论，也未尝稍息。胡适大名垂宇宙，夫人小脚亦随之！因而这位胡太太在我的心目中，便一直是位白雪公主式的神秘夫人！所以当胡先生第一次为托我向图书馆还书，因而约我到他公寓里去"坐坐"之时，我心头立刻泛起一种说不出的感觉。我想我到胡先生公寓里去，不就是要看到他的"小脚太太"了吗？！那一定是一位久藏岩穴、不见阳光的白毛女！

当胡先生介绍我向他夫人会见之时，我鞠个躬，叫了声"胡伯母"，然后定睛一看，真又有种说不出的失望的意味——二十多年的神秘感，一刹那间，全盘消失！站在我面前的不是白毛女，而是一位圆圆胖胖的十分祥和的中国老太太。这样的老太太我实在看得太多了。

笔者是在一个农村大家庭里长大的，外婆家、姑母家、姨母家也都是大家庭。所以我的家族圈圈内，自继祖母、祖姑母、祖姨母……而下，有母亲一辈的伯母、婶母、姑母、姨母、表姑母、表姨母、表表姑母、表表姨母——乃至乳母、保母等等；天老爷！小脚、中脚、大脚，可以排出一两连老太太兵来！真是阅人多矣！

现在站在我面前的"胡适之的小脚太太"，在我家庭老太太的队伍里，至少可以找几打和她老人家一模一样的，小脚、中脚乃至大脚的老太太来，稀奇什么呢？

我自胡家回去之后，同住的中国同学们，居然围拢来问我：胡适之的小脚太太是什么个样子？一时我实在无法回答；因为对我说来，这位胡老太太简直"普通"到使我无法形容的程度。

胡先生在他的日记里说，他是在妇女之间长大的。笔者亦何尝不然。那些慈祥的老太太们，自从替我洗三朝开始，便是我生命里的一部分。对一些农村大家庭中长大的男孩子们来说，这批重男轻女的老太太们，实在太可爱了。她们那些"小脚"在我看来并不十分"丑陋"或"落伍"。相反的，那是孩子心目中温暖和慈祥的象征。

我再也不会忘记，一次我偷偷地与一些放牛哥，下河"洗澡"。归来，东窗事发，被父亲捉到了。他倒持毛帚，吹胡子、瞪眼睛，非把我打个皮开肉绽不可。我那向不发脾气的母亲，这时也毫无笑容，默默地站在一边，见死不救。可是那一旁团团转的几只小脚，可忙坏了。他们拦住了父亲的毛帚，替我"讲情"，要我"认错"；并且告诉我河里的"水鬼"如何可怕，下次再也不可去河里"洗澡"了……最后还是她们替我"认了错"，才免得我在父亲的毛帚之下，壮烈牺牲！

如今只身漂流海外，祖国地覆天翻……午夜梦回，这几只"小脚"太令我怀念了。它们的无形消逝，我想起来，如何悲痛——我怀念她们！

现在在我面前出现的，不是"胡适之的小脚太太"，她是我生命中一去不返的几只"小脚"的重现。我不感到奇怪，我感到的是"旧梦重温"——它替我找回了一段失去的童年岁月和温暖的家园。

二十多年来，我心目中"胡适之的小脚太太"的幻觉是如何构成的呢？我真是迷惘之极！

六六

胡伯母是一位相当爽朗的老太太。和她相比，她那位白面书生的丈夫，反而显得拘谨。胡老太太向来未叫过我什么"密斯特"或"先生"。第一次见面，她对我就"直呼其名"。几次访问之后，我在她的厨房内烧咖啡、找饼干……就自由行动起来。她只是传统中国社会里的一位普通老太太。我既是在这些老太太丛中长大的，我对她们也可相处如鱼得水。自幼她们就不嫌我吵，及长我也不嫌她们烦。她们絮絮不休而来，我也絮絮不休而对。她们鸣冤诉苦，我也可以既劝且慰，而不躲避她们。所以胡老太太后来自台北写信给我，总说我是"适之的好后学"，又是什么"最好的好后学"等等。我这位农村牧牛儿，真是承老太太过奖了！

俗语说，"一个床上睡不倒两样人！"胡太太受胡先生影响，说话也欢喜提"我们安徽"如何如何。其实更正确的表达，应该是"我们徽州"如何如何才对。她烧得一手好吃的徽州菜，很多样我都从未吃过。但是她老人家偏说是"安徽菜"，一定合我的口味。

一次她老人家打电话叫我去吃"豆渣"，说是美国吃不到的"安徽菜"，要我"赶快来！"我在赴"豆渣宴"的匆忙旅途上，千想万想，"什么是豆渣呢？"等到我吃后才想起，那原是做豆腐时剩下的渣滓，加五香杂料炒出，十分可口，是安徽农民最普通的"下饭菜"。笔者少小离家，竟然把它忘怀了！

适之先生以前便常常告诉我说徽州"很穷"。男人外出经商当"朝奉"，家事全靠女子操作，所以妇女十分勤劳，终日忙得团团转，所谓"不出门，三十里"是也。胡老太太也精力过人。她在那个小公寓内，也是不出门三十里，忙个不停。她家里麻将之客常满；斗室之内，烟雾弥漫。胡家的麻将客也告诉我，胡太太在麻将桌上赢的钱，也是胡家的经常收入之一种。她每打必赢，不知何故！

不打麻将了，胡老太太就烧饭；烧饭也是为着下次打麻将。侨居纽约，大家都没有用人，所以必须先把饭烧好才能上牌桌。等到麻将八圈已过，人饥手倦之时，大家就辍牌、热饭，然后据牌桌而食之。食毕，丢碗再战。其效率之高，真未可与港台间夫人女士道也。

老太太找不到"搭子"了，就读武侠小说。金庸巨著，胡老太太如数家珍。金君有幸，在胡家的书架上，竟亦施施然与戴东原、崔东壁诸公揖让进退焉！

这一对老夫妇在纽约相依为命，我实在看不出他们伉俪之间有丝毫不调和或不寻常之处。我记得胡先生放在客厅里的那个大书桌，就像一只中国旧式的八仙桌。桌上堆满线装书。周策纵夫子有自嘲诗，曰："妻娇女嫩成顽敌，室小书多似乱山！"胡老师没有周先生那样的"娇妻嫩女"，但是"室小书多"，倒是和周家一样的。在那些乱书之中，放着个小砚台，看来就像万山丛中的什么"雁荡"和"天池"一样，这也是胡家之一景。胡先生流传海外的那些墨宝，也就是这些乱山丛中的产品。

胡家这只大书桌对我也太熟悉了。我祖父当年的书桌就是这样的，只是老祖父那只砚台比胡老师的那只大出十倍罢了。他们看线装书，都带着深度眼镜，查《辞源》还得用放大镜。祖父穿长袍，胡老师穿衬衫和背心，也没有什么不同。那位在我祖父背后走来走去的，圆圆胖胖的继祖母，和胡老师身后忙个不停的胡师母，也差不多一样。和和平平四十年，大家一样好姻缘；我实在看不出这些白首相偕的老夫妇们有什么不同。当然他们的家庭里，偶尔也有点什么"代沟"和"勃谿"等小问题，大家也都是一样的，这也是二十世纪传统中国家庭里的正常现象吧！

胡适之的"小脚太太"有什么值得我们大惊小怪的哩？！

六七

胡伯母毕竟和我的继祖母不同，因为她是位大学者的夫人。她也感染到一些书香气息。她老人家那时便告诉我，她也在写自传！可是我一直无缘拜读。等到胡先生逝世后，她老人家再度访美时，向我哭诉一些人世间的不平之事后，忽然交给我一大卷铅笔写的稿子，要我替她"看看"。其中有一部分据说还是寄居曼谷时期写的。

我取回在灯下展读，觉得那份稿子太可爱了。胡老太太不善述文，稿子里也别字连篇，但是那是一篇最纯真、最可爱的朴素文学，也是一篇最值得宝贵的原始的社会史料。尤其是她叙述民国六年，她未婚夫自美返国到她家中去看她，而这位待嫁女郎"不好意思"，想见他又不敢见他，因而躲在床上哭泣、装病。我读来，真如见其人。

后来婚期已近，她如何预备妆奁；大喜之日又如何"上轿"，和坐在"花轿"内的心情，我细细咀嚼，真是沾唇润舌，余味无穷。它的好，就好在别字连篇；好在她"不善述文"；好在她无"咏絮"之才！

这种纯真的人情、人性，要以最纯真、最朴素的笔头，才能写得出来。一经用"才华"来加以粉饰，失其原形，就反而不美了。笔者以前作打油诗，咏"公园里的雪莱石像"，就认为那块"受了伤的石头"，远没有那深山大泽内"真得可爱，笨得可笑"的"顽石"更有诗意。《三字经》上说，"玉不琢，不成器"。其实玉要琢，就失真义。真爱玉者，或亦以故宫博物院内的"玉器"为"病玉"也。

笔者固亦尝拜读杨步伟、蒋碧微、沈亦云诸位老太太的自述。不揣浅薄，亦尝以六个月的时光，把《亦云回忆》的原稿，承作者委托，译成英文，共二十六章，凡八百余页。我对黄老太太的大作，可谓细读了。

"有何高见？有何高见？"黄沈亦云夫人，在我拜读之后，好奇地，不耻下问。

"黄伯母，"我说，"我略嫌作者才气'太'高，文笔'太'好！"

亦云女士是我国第一所高等女校，第一班的七十人中最少年、最美丽、最聪明的一位。以后黄郛将军一见之下，不能自持，才引起他二人才子佳人的一段佳话的。

像黄夫人那样在革命阵营中，参与密勿的人物，她可留给后人的东西太多了。笔者受托为其校订过的数百件"绝密"电稿真迹，便是不世之珍。这些真金璞玉如为小文采所掩蔽，那就浮云蔽月了。所以我劝作者，归真返璞，让原始资料以真面目与读者见面。在她老人家的授权之下，我就"伸缩"而译之。可惜时限过短，未竟全功，至今犹认为可惜。

笔者细读蒋、杨二夫人的大著，也深觉这与胡老太太同辈的三位才女的大作，足垂不朽。她们都是近代中国的第一代"新妇女"。她们的自述，皆为最珍贵的第一手史料也。

可是读书如看山。平时我们看惯了泰山之伟，黄山之秀，华山之奇……殊不知一些不知名的小山，亦自有丘壑。其中奇绝之处，往往为名山所不及。我拜读胡老太太的手稿，心中即有此种感觉。我想真识山水者，或亦不以鄙言为河汉也。

当胡老太太把她的原稿给我之时，她或有意要我把它在哥大保存起来。我那时事忙，未想到这点。同时也认为那是一部未完成的作品，所以我劝她老人家继续写下去，乃把原稿还给她了。

一九七〇冬笔者访台去拜看她，也把这事忘了。后来老太太派人来旅邸约我去"吃饺子"以纪念适之先生"八十冥诞"，我亦以行色匆匆未能应召，孰知竟成永诀。其后我一直想告诉她"思杜在河北省当农民"的消息，也始终未能如愿。老太太仙游时，笔者侨居海外，不常看中文报，竟不知消息，电唁无由。今日思之犹觉耿耿！

胡老太太那份手稿，不知今在何方？云天在望，希望它没有自人间遗失就好了。

六八

江冬秀夫人与胡适之先生同年，生于清光绪十七年（一八九一），辛卯。夫妇二人是一对小兔子，夫人长先生数月。他二人是光绪三十年

（一九〇四），甲辰，订婚的。似乎是胡先生的外公做的媒。冬秀夫人的父亲江老员外对这门亲事似乎很认真。他对胡洪骍这个孩子认真地观察了好几天，才答应"以女妻之"的。

胡先生年轻的寡母对这门亲事，似乎也很满意。胡氏留美期间，这位未婚媳妇就经常至夫家陪伴婆婆，并一起照相以寄远人。在她的未婚夫感召之下，这位江小姐也把"小脚"放大，变成了中脚。家人并为她延师课读。日久能文，也就和数万里外的未婚夫婿，时通鱼雁。行行之笺虽短，脉脉之情弥深；半叶存问，也颇能惹起海外游子的相思。怀袖馨香，也给予他足够的烟丝披里纯，而大写其acceptable的情诗——这便是这对未尝谋面的小两口儿，婚前远隔重洋的一点灵犀！

在胡适之那一辈——更具体的说，那些清华公费留美，第一、二、三届，胡适的留美同学们——试问有几位没有胡氏那样的婚姻背景呢？他们都是"世家子"。光绪年间的十八九岁的世家子，未"订过亲"，甚或"娶过亲"的，实在是少而又少了。

胡适之讨了个"小脚婆子"。试问胡适之的同学们、朋友们的"小脚婆子"，哪里去了呢？那批"世家小姐"就没有江冬秀女士那样幸运了。她们是我国数千年来，血淋淋地被压迫的女性，最后一代的牺牲者——她们有的深闺独处，试把花卜归期，可是过尽千帆皆不是，月月年年，坐伤老大；最后落得个守活寡，以终其生。幸运点的，最多也只能当个女阿Q，自称为失去丈夫的"乡间大太太"！抵不住社会歧视，和空床孤寂的，则难免寻觅吞金、悬梁的解脱！六十年回头一看比他们后一辈的世家子，试问哪个不能说出一两位当年欲死不能的准烈女啊？

在目前这个自由恋爱的二十世纪大时代里，谁又曾注意到这个大时代的开端，那千万个，哭干眼泪，为小脚难放，而终身守活寡的孤孀？！胡适之的"小脚太太"，只是那千万个苦难少女中，一个最幸运、最不寻常的例外啊！

纽约市以前有位漂亮的华裔旅美女青年，嫁了位洋丈夫。她蜜月归来，我问她："我们应该叫你'什么'太太了？"

"您叫我'碰太太'好了！"她笑着回答。

据她说，她姐妹幼时，父亲便告诉她们说："你们以后都姓'碰'啊！碰到谁，就是谁！"所以今日她就嫁了个洋人——"碰先生！"

其实"碰"也者，岂止这位女士之姐妹哉？在这个父母不能命，媒妁不忍言的时代里，哪个"婚姻"不是"碰"而成之呢？女的去碰，男的就不碰了吗？事实上，男女双方，皆各碰其碰！碰得好，就交头接耳；碰不好，就焦头烂额；好与不好，就各凭天命了。自作自受，怨得谁呢？

所以今日吾人试猜，假如胡适之当年亦走多数路线，反对"旧式婚姻"，来个家庭革命，其结果又何如呢？照胡先生——乃至他的伙伴们——那时的条件，他搞家庭革命不外有两种方式："先革后碰"或"先碰后革"。

胡老师是位很软弱纯良的人。先革后碰，我相信他做不到。因为要革，他首先就要"革"掉两个可怜的女人的"命"。第一个牺牲者便是他的寡母。胡氏母子情深，他对他母亲的遭遇太同情了；革母亲的命，他做不到！第二个牺牲者便是那个可怜的村姑江冬秀。冬秀何辜，受此毫无反抗之力的平白牺牲，胡适之先生是个软心肠的人，他也无此狠心！

至于"先碰后革"呢？那就很难说了。正因为他生性纯厚，在青春期才容易坠入情网。泥沼渐深，不能自拔，做了爱情俘虏之后，两善不可得兼，到那时逼上梁山，是否不闹家庭革命，那就很难说了。古语说："不谨细行，终累大德！"所以凡事总要"防微杜渐"。但是青年人受了环境的引诱，误入情场，有几个人真能防微杜渐呢？胡适之便是位极具普通人性的正常人，在这种场合，他也就不能"防微杜渐"了。

胡氏留美七年——从十九岁到二十七岁——正是他的青春期。在他大学本科的四年中，也是美国青年男女社交最活跃的四年，他却心如止水。这大概是一个小土包子的关系吧。等到他进了研究院，那也是一般美国青年"野期"（wild period）已过，该坐下来好好读书的时候了；他却反其道而行，"红鸾星"大动，而大"碰"特"碰"起来。

在这个时期，他第一个"碰"到的，便是众所周知的他的洋女友燕嫡兹·韦莲司（Edith Clifford Williams）女士；回国前半年，他又"碰"了近代中国文学史上有名的莎菲陈衡哲女士。适之对她二位皆一往情深。命运之神如不作梗，他们都有双飞的可能！这也是江冬秀女士的"八字"好吧，他在两处情场都"碰壁"了，夫复何言！

六九

燕嫡兹是怎样的一个人呢？

要了解她，先得了解美国大学里的社交生活。

康奈尔大学是当时美国最有名的七大"常春藤盟校"之一。能注册入校的都是顶呱呱的世家子女。韦女士便是该校地质学教授韦君的次女，是在校园内长大的明珠。韦家当然更是纽英伦的世家。这所大学也是当时他们"上等人家"里的哥儿、姐儿们自由择配之所。这种作用和风气，在半个世纪后，仍相延未衰！

在五十年代的初期，哥大的巴纳特女子学院（Barnard College）里的女同学便曾向我们描述过，她们贵院里的社交状况，其情形大致是这样的：

周末一到，全院同学皆涂脂抹粉，穿戴整齐，在宿舍房间内，坐候新旧男友的电话。走廊内公用电话铃声一响，大家就蜂拥去接。真是只一人得奖，却个个争先。结果一人含笑下楼去者，大家再等下次铃声。如是铃声不绝，妆楼也渐空。等到天也黑了，人也倦了，铃声也不响了，最后只剩下几位"孤魂野鬼"。在绝望之际，有的难免自伤命薄，倒于牙床之上，便号啕大哭起来（美国女孩子是极其坦白天真的）。可是几次一哭，也就惯了；因而性情日益乖僻，那就更问津无人了。

我国大学里的情形当然完全不同。笔者大学时代，男同学中春情发动的酸葡萄便曾在女生宿舍的外墙上，大作葡萄诗曰："一年级俏；二年级傲；三年级放警报！四年级没人要。"这位阿Q诗人，所吟咏的当然全非事实。我们粥少僧多，哪有"没人要"之理？殊不料，这在美国大学里的择配过程，倒是实情。

我国科举时代有句解释落第士子文章的话，叫作"文章不发终有弊"。美国大学里的文章不发、警报长鸣的女士们，"弊"在何处呢？她们的"弊"有先后天之分。先天的那一定是形体不好，生理上有缺陷，不易引起男士们的爱慕。后天的，则难免是边幅不修，情性乖戾，使男孩子望而却步。

我们胡先生的女友韦小姐，是怎样的一个人呢？且看她男友笔下的描述。

一一　韦莲司女士之狂狷

女士为大学地质系教授韦莲司（H. S. williams）之次女，在纽约习美术；其人极能思想，读书甚多，高洁几近狂狷，虽生富家而不事服饰；一日自剪其发，仅留二三寸，其母与姊腹非之而无可如何也，其狂如此。（见《藏晖室札记》，一九一四年，十月廿日。）

这是六十年前的美国啊！那时此邦社会风气之严肃，有甚于今日之中国。对这样一位"狂狷"的女子，天老爷！哪个大胆青年敢擅亲芳泽？大家愈不敢接近她，她也就益发"狂狷"了！

再看她东方男友七个月后的记述：

四八　韦女士（〔一九一五年〕五月八日）

女士最洒落不羁，不屑事服饰之细。欧美妇女风尚（fashion），日新月异，争奇斗巧，莫知所届。女士所服，数年不易。其草冠敝损，戴之如故。又以发长，修饰不易，尽剪去之，蓬首一二年矣。行道中，每为路人指目。其母屡以为言。女士曰："彼道上之妇女日易其冠服，穷极怪异，不自以为怪异，人亦不之怪异，而独异我之不易，何哉？彼诚不自知其多变，而徒怪吾之不变耳。"女士胸襟于此可见。（《札记》同上）

今日台湾的时髦女士们，以"三气"取笑我旅美女同胞。其中"三气"之一的"衣着土气"，便不太公平。比起此邦大家闺秀的韦莲司女士，我上下打量，深觉拙荆"衣着"，并不太"土"啊！所以那"三气"俱全，以不变应万变，我们胡老师的洋女朋友，当年每逢周末，哭倒牙床，是可以想象出来的！

可是情人眼里出西施，我们的胡"医师"【1】竟然把她惊为天人，说："余所见女子多矣，其真具思想、识力、魄力、热诚于一身者，惟一人耳。"（一九一五，一月廿三日，《札记》）

数月往还之后，青年胡适显然已卷入国际情场，泥沼渐深，回头无岸。在短短的一年之中，竟向她写了一百多封情书——事实上是"理书"（说理之书也）。余读书至此，颇为那位当年的浊世佳公子、青年胡适感到不平。在那美人充下陈的绮色佳，何独钟情于此妹？我不禁脱口而出："胡先生，你为什么找上这个古怪的老处女呢？"

"胡说！胡说！"胡老师正色告我，"Miss Williams是个了不起的女子！极有思想！极有思想！"

我唯唯而退。但我每想起我自己朋辈膀子边挂着的纤腰金发，我真痛恨美国当年排华风气，而为我胡老师痛感不平。有时当然也难免心中暗笑，我们交游不广、见闻有限的胡夫子丹桂有根而桃花无运呢！

一九一五年一月下旬，胡君又专访女士于其纽约海文路九十二号寓所（92 Haven Avenue）。次年韦女士转返绮色佳，乃将此寓转顶于胡氏。一九五六年夏，白马社在这寓所的九条街之外开会，胡先生特地要我开车往该处，绕场一周。真是海文路上花千树，都是胡郎去后栽。木犹如此，人何以堪？！当年国际情场中的风流才子，如今两鬓皆斑；睹物思人，真不胜感慨系之啊！

就在这一次胡、韦海文之会时，胡氏显有所求（made some proposition）而为韦女所峻拒。二月三日韦氏又写了一封"即在所谓最自由放任之美国，亦足骇人听闻"的长信。她奉劝胡郎，斩断情丝，悬崖勒马；应着重较"高级"的情性之交，勿炭炭于"色欲之诱"（sex attraction）。最后燕姬并勉励郎君，"读书上进！"（education-choice-then vital activity）好一派薛宝钗口吻，也就是贾宝玉所说的林妹妹决不会说的"下流话"吧！可是她的劝告，胡氏都全部接受了，并"与C. W.约，以后各专心致于吾二人所择之事业，以力为之，期于有成"（见一九一五年二月三日及五月廿八日《札记》）。

从文学和男女情爱的观点，来读胡适留学日记，读到这一段真觉泄气！贾二爷和苏和尚如地下有知，一定也要大诟曰：下流、下流！俗不可耐！但是从实验主义者以及孔孟人道主义的观点来冷眼旁观，我们倒替江冬秀夫人松了口气！

可是韦女士虽是止乎礼，她并没有绝乎情。最后棒打鸳鸯的似乎还是韦女士那位"守旧之习极深"的妈妈。这位老太婆对他二人私订终身的发展，誓死反对到底。这位老夫人那时显然是以"别人看来不好"，以及异族、异教通婚，有乖时俗等话，来横加干扰。

她这一顽固无理的阻挠，使胡医师忍无可忍，乃去书坦陈，希望老夫人要言行一致：夫人如役令嫒如奴婢，则何妨锁之深闺，毋使越阃阁一步；如信令嫒尚有人身自由，则应任渠善自主张，自行抉择。"自由奴役之间，绝无中间余地也！"

胡郎并理直气壮，质问老封君：

我们为什么要顾虑"别人"对我们怎样想法呢？

难道我们管我们自己的事，还没有他们来管的好？！风俗习惯不是人造的吗？难道我们有智慧的男女，就不如传统的风俗习惯伟大了吗？！安息日（指信仰上帝）是为人而设，人不是为安息日而生啊！

最后胡郎大声疾呼，希望老夫人网开一面，不要专门信"神"，也得信信"人"才对啊！（一九一六年，一月廿七日，《札记》）

胡适之是位不大会拍桌子的人。但是对那可能做丈母娘的韦老夫人写了这封火辣辣的信，想见其一肚皮怨气也。

无奈这位韦老夫人比《西厢记》上那位崔老太太还要顽固，而燕嫡兹也没有莺莺小姐"待月西厢"的勇气，结果把他们鸳鸯拆散的，倒不是"蜗角虚名，蝇头微利"，而是二人的皮肤颜色不同，而难成眷！

那年头是二十世纪的初期，那也是中国人在美洲最受歧视、鄙视和虐待的时代！自命种族优越的白鬼，把我辈华人看得黑奴不如，对我种族文化极尽其诬蔑之能事。韦女士如不"狂狷"、如不"哭倒牙床"，她又怎会瞒着家人与一位华裔穷学生卿卿我我呢？一位纽英伦世家里最小偏怜的掌上明珠，下嫁一个"支那曼"（Chinaman），那时在他们眼光内简直是件不可想象的事！因而纵狂狷如燕嫡兹者，也在家人和社会强烈的反对之下而还君明珠；但是她又"碰"不到如意白郎可嫁，佳偶难成，可怜的燕嫡兹，就"自梳"一生了。

种族主义（Racism），下流万恶的种族主义，它是害了韦小姐一生了。它的流毒，迟至六七十年代至少还拆散了笔者朋友中，三对美好的国际姻缘！但是又有谁知道，它三尖两刃，七十年前也曾拯救了一位善良的村姑江冬秀女士？！命乎？天乎？吾欲无言。

七〇

可是胡博士与莎菲陈女士的往还，应该是佳人才子，一拍即合了。不幸他二人也因八字不合，而沟水东西！

陈小姐那时就读于沃莎（Vassar College）女校，距纽约和绮色佳都有数小时火车的距离。她豆蔻年华，藏在深闺，一直到胡氏已在康奈尔毕业，迁往纽约，住进了他女友遗下的公寓时，莎菲才惊鸿一瞥地在绮色佳出现。所以当她与诸名士游湖借伞之时，适之却远在二百英里之外，服务无由；而挟伞于后，尾追不舍的却是胡氏最好的朋友任叔永。

近代中国知识分子谈恋爱，本有"朋友之'友'不可友"的侠义传统的。不但是君子之交不能互侵腻友；据说以前风月场中，也有此习俗。胡先生告我，北京大学文科学长（文学院长）陈独秀教授之所以要到妓院去"打场"者，就是因为那位陈君专狎的妓女，违犯这部不成文宪法的缘故！

所以在近时留美男女青年社交场合里，如果一个女士答应了一次某位男士的约会，这位男士的朋友，虽亦倾慕有心，大家"看在朋友份上"，也就相率裹足不前了。因而偶不经意的借伞之约，往往却导致借伞女士的无形孤立而"失掉其他机会"！这些都是今日旅美——尤其是纽约区——华裔知识女青年的普遍苦恼！

这种不成文宪法，在六十年前则更具约束力。莎菲小姐既然为任君所发现，胡君谊在挚友，断不能做"半路杀出的程咬金"！但在陈小姐的立场看来，那时物稀为贵，三千（男士）宠爱在一身，呼来唤去，要谁有谁！何可一朝借伞，遽委终身？！多交点朋友，更多点选择，不是人情之常吗？

这时心中七上八下的任先生，当然心有不愿；但是野马无缰，又如何骑得？这对一位可怜的马夫来说，真是愁煞人，天不管！显然是在莎菲的同意之下，任君的好友——胡适、梅光迪、朱经农……都和她鱼雁常通，"谈诗论文"起来，通信的幅度由三角、四角乃至多角！

青年未婚男女通信谈诗论文，在中国文学史上也数见不鲜。张君瑞、崔莺莺不也曾"酬简"，互通"五言八句诗"吗？只是倒霉的邮差，被"拷"得皮开肉裂罢了。美国的邮差谁敢去"拷"他们呢？所以他们这伙华裔留美学生"谈诗论文"就四角五角地畅所欲言了。

就青年文士们来说，烟丝披里纯最大的来源还是女人。没有个工诗善文的女人，一个日不暇给的"博士候选人"哪有工夫去唱那些无聊的"蝴蝶儿上天"呢？蝴蝶上不了天，胡适之还搞什么"诗国革命"和"文学改良"呢？没有"文学改良"……胡适之又哪里搭得上陈独秀、蔡元培……又哪里能去北京大学登高而招呢？

所以新文学、新诗、新文字，寻根究底，功在莎菲。莎菲！莎菲！

黄河远上白云间，你就是天上的白云！人间的黄蝴蝶啊！莎翁说："脆弱呀，侬的名字就叫女人！"（Frailty! the name is woman.）莎老头就不懂现代中国文学了。在中国文学里，事实上可以说："坚强的女人呀！侬是擎天一柱的烟囱！"我们新文学大师们全部的烟丝披里纯，都由你而发！没有你哪里有胡适之、梅光迪、任叔永和朱经农？没有你哪里有夏志清、颜元叔、余光中……啊！

胡适自一九二八年十月起与莎菲通信，二人虽未谋面，而五个月之内，尺素往返，男方便单独寄出"四十余件"——差不多每月十件。这算不算"情书"呢？当然不算。他们青年男女信上所谈的只是文学、哲学和日常生活上芝麻绿豆小事而已。但是怎样写才算是情书呢？林姑娘的"题帕诗"也不过是偶然间的文学创作罢了；而"鲁迅"与"广平兄"所通的"两地书"，却连"文学"也谈不上；他们所谈者，芝麻绿豆小事而已。

一九一七年四月七日，胡君终于随任君之后访莎菲于普济布施村（Poughkeepsie）。这是胡、陈二氏第一次"碰"头，也是他们在美洲的唯一的一次——而胡之于陈，虽只短短一晤（恕我只从胡君这一面去观察），真是桃花潭水，一往情深！等到四十年后，莎菲已绿叶成荫，儿孙满堂了，人家或问"中央研究院胡老院长"和陈衡哲女士当年的"关系"，他还硬是说女士当时抱的是独身主义，并不钟情于任何人。

其实照胡适之先生这种坦荡襟怀的哲人，他这时的回答实在应该是"大方"一点才对。他应该说陈女士那时已名花有主，是任先生的女友，甚或准未婚妻了。又不是校勘《水经注》，为什么一定要九分证据，不说十分话呢？殊不知，胡院长灵魂深处，异性无多，这一段少年时期的绮丽之情，及老还眷恋无穷，他实在"大方"不起来啊！

周策纵夫子"论胡适的诗"，便专好从文字上去推敲。周公如效法林语堂先生去替苏东坡"抚衷情隐秘"，他对"胡适的诗"便不会那样地去吹毛求疵了。

胡适之先生平生最反对人取洋名字，但是他却把他自己的偏怜独女取个洋名字叫"素斐"！周夫子哪里知道，"素斐"者，Sophia也，"莎菲"也！"为念绿罗裙，处处怜芳草！"这位多情的博士一九二七年重访美洲，二月五日在仆仆风尘之中，做了个"醒来悲痛"的梦！是"梦见亡女"吗？对的！他梦见"素斐"了。

我把胡公那首诗里的他那"亡女"的名字，换成英文，周夫子就明白了：

> Sophhia，不要让我忘了，
> 永永留作人间痛苦的记忆。

这不是一首缠绵悱恻的一石双鸟，悼亡、怀旧之诗吗？谁说"胡适的诗"一定是"看得懂，念得出"呢？！

策纵！策纵！你被我们调皮的诗人愚弄了！

我要把这首复原的诗，加上香烛纸箔，到南港诗人的墓前焚化！再问问胡老师，我说的对不对？老师生前总是说我的"大胆假设"为"胡说"！如今九泉之下再晤素斐、莎菲，三曹对案，还不承认吗？

七一

胡适之这位风流年少，他在哥大一共只读了二十一个月的书（自一九一五年九月至一九一七年五月），就谈了两整年的恋爱！他向韦莲司女士写了一百多封情书（一九一七年，五月四日，《札记》）。同时又与另一位洋婆子"瘦琴女士"（Nellie B.Sergent）通信，其数目仅次于韦女士（一九一五年八月廿五日，同上）。在博士论文最后口试（一九一七年五月廿七日）前五个月，又与莎菲通信达四十余件！

在哥大考过博士口试的"过来人"都知道，这样一个神情恍惚的情场中人，如何能"考口试"啊？！这样一位花丛少年，"文章不发"，把博士学位耽误了十年，岂不活该！

笔者在"胡学"上试作此"小考据"，绝无意讪笑前贤。若有人要据此而再兴讨胡之师，那就更本末倒置，小题大做了。以胡适这样一位五百年一见的哲人，"博士"不"博士"，真何损日月之明？

须知"博士"这个东西，基本上是骗人的。我国自秦始皇的验梦博士起，在科举时代被它骗了两千多年。西学东渐之后，洋博士又继起骗人。笔者不是说"博士学位"一无是处，只是——且引句胡适名言——"社会对它的报酬，远大于它对社会的贡献。"

笔者也不是说，博士公的十载寒窗便一无所得。它是一种严格的专业训练，但是其本身也只限于"训练"而已。以唱戏作比，则读博士如下"科班"。"科班出身"者，至少可以"跑龙套"！但是绝大多数的所谓"博士"最大的本事也只能在学术界跑跑龙套而已。

可别小视"跑龙套"！纽约市有京戏票房五家之多。平时公演，粉墨登场，锣鼓冬仓，琴韵悠扬，也真煞有介事。可是"龙套"一出，则马脚全露。那批华洋混编的"龙套"，有的不推就不"跑"；有的推也不"跑"；有的各"跑"其"跑"，不自由，毋宁死……好不热闹！笔者在纽约看国剧，最爱"龙套"，因为它能使你笑得前仰后合，烦恼全消！

"科班戏"便不一样了。不论大鹏小鹏，都"跑"得井井有条，俯仰进退，若合符契！这批"职业龙套"便是吾侪所谓"博士"的拿手好戏；但是博士爷的本事，也就是贵州的驴子，技止此耳！

可是真正"大轴"，那就又当别论了！近六十年来大轴唱得名满中外的，莫过于梅兰芳了。梅博士就偏偏不是"科班出身"！而近六十年来在学术界唱"大轴"，唱得名满中外的莫过于胡适之了。试问胡老板是不是"科班出身"，博士不博士，何损于日月之明？以博士的空衔来批评胡适，那就等于说梅郎不是科班出身一样地可笑了！

笔者前篇曾说胡适是我们民族财富，你把他关到牢里去，他也是有所贡献的，同样的，他情场失意了，也会失意出一场文学革命来！以指测河，以斗量海，我们岂可小看了我们学术界的胡老板！

七二

胡适之先生少年时代生得一表人才，风度翩翩，出入于总统执政、王侯废帝之门，真是"宫娥不识中书令，问是谁家美少年！"再加上他才名遍海内，所到之处当然难免是异性爱慕的对象，虽然他家中已讨了一位"小脚婆子"。

笔者在胡氏早年北大时期的日记里，便发现一位叫 H. C. 的女士【2】。她爱慕胡博士到"我不能活下去"的程度。一次她亲往胡家拜访，和冬秀夫人哭诉一番，却未言来意，使冬秀夫人手忙脚乱，不知她哭闹为何事。后来这位痴情的女士，由于肝肠寸断而抱病住院。胡君心有不忍，曾私访医院加以慰问。但仅有灵犀之一点，终无彩凤之双翼，究有何益？！

胡先生是位日记作家。但是他和我辈普通人一样，没有每日皆记的恒心。加以他认为写日记要"多记个人思想，和学术心得；不应专记日常小事！"

"日记记得最勤的是赵元任先生，"胡先生告诉我，"但是他专门记日常生活中，芝麻绿豆的小事！"

为胡老师抚衷情隐秘，我倒希望他有赵先生记芝麻绿豆的恒心。这样我们才可以替上述那位痴情女士写个"纪事本末"，但是在着重思想心得的胡适日记里，便再也找不到这女士的下文——好一个哀艳的故事！

说实在话，青年的胡适虽然颇受异性的爱慕，但是他本质上不是一个招蜂惹蝶之人；不像他的好友徐志摩，所到之处便蜂蝶乱飞！

适之先生是位发乎情、止乎礼的胆小君子。搞政治，他不敢"造反"；谈恋爱，他也搞不出什么"大胆作风"。加以他对他的婚姻也颇能想出一套深足自慰的哲学；婚后蔗境弥甘，所以他也就与冬秀夫人和和平平四十年，始终一对好姻缘；他二老白首相依，是十分幸福的！

西谚有云"妻子"是男人"较好的一半"（the better half）。胡氏当年碰来碰去，万一脱身不得，那个不可知的"一半"是否比现成的"一半"较好，那实在是个天大的问号。因为在他那个时代的婚姻，不只是个单纯的"择配"的问题，那也是个婚姻"制度"和婚后"生活方式"选择的问题。

须知胡先生那一辈的知识分子，是我国三千年婚姻史上，可以选择三种不同的婚姻制度，和三种不同的婚后生活方式的唯一的一辈！这三种制度便是：一，纯粹农业社会所特有的"旧式婚姻"；二，工业文明社会里的合伙制的西式婚姻；和三，"转移时代"（transitional period）里，半中不西的所谓"新式婚姻"。

这三种不同的婚姻制度，和与之俱来的完全不同的三种婚后生活方式，都是一定社会经济形态下的产物。这三种不同的制度，只有在二十世纪初年的中国——也就是一个转移时代的中国——才能同时存在。在此之前，中国未曾有过，在此之后也不会再有。

这是三种不同时代的不同制度，谈不到孰好孰坏；更谈不到在某种制度下，哪些家庭生活就会更"幸福"。而在胡先生那个青年时代，和胡氏本人兼跨三个时代的生活经验里，这三种方式他都可以及身而试的。所以那个二十来岁，在中西男女关系之间乱"碰"的青年胡适，就是个在这三大壁垒之间被踢来踢去的皮球；落在哪里，便在哪里。他这个皮球最后总算被踢到那个"三从四德"的古老堡垒里去。在这个古堡里，他是绝对的主人。他那"较好的一半"是死心塌地地"相夫教子"，为他而生存，为他而服务；使他在学问上、事业上，横冲直撞，而无后顾之忧！我就不相信胡适之先生一辈子伟大的成就，与他这个幸福的、无后顾之忧的家庭生活，毫无关系！

他的皮球如落入一个现代美国的堡垒里去，和那一位"狂猖"的美国小姐生活在一起，那胡适后半辈的生活方式就完全不一样了。其后果如何，我们固然不能妄事推测，但是我们至少可以说，那时的中国，尚未具备那种婚姻制度的社会基础，而胡适之又是个乐于钻故纸堆的农业社会里的传统士大夫，如此则家庭生活与社会形态间的矛盾，是否易于克服，那也是个大问题；因为一个人毕竟是社会动物，他是不能孤立于社会之外的。

胡适之如"碰"到个半中不西的"新式"中国妇女又如何呢？我们至少可以说，那个时代的中国妇女，并未获得真正的解放。社会上通常所见到的一些活跃的"新式妇女"——尤其是一些女政治家们——事实上都是"妻以夫贵"是一种不安于室的假解放。在这种环境里，胡适如碰得好，他可碰成个有运气的周恩来。碰得不好，也会碰出个乾纲不振的林彪。如此则吾见博士于沟壑中矣。

在胡公有生之年，国人一提到"胡适之的小脚太太"，似乎都认为胡博士委屈了；但是有几个人能体会到，他是中国传统的农业社会里，"三从四德"的婚姻制度中，最后的一位"福人"？！

注释

〔1〕笔者的业师，也是胡先生康奈尔时代的同学和好朋友，晏文斯教授告我说，他们当年都叫胡适为Doc.，意是"博士"或"医师"。因胡氏青年时即生得一副文绉绉的样子，故有此诨名。Doc.在美国土语里，通常是专指医师而言。

〔2〕H. C. 的名字是笔者二十多年前在缩微胶卷上所读的早年胡适日记上看到的。然事隔二十余年，当年笔记多已散乱，哥大所藏之胶卷今亦不知何往，核校无由，故此二英文字母或不太正确。读者谅之。

▼

历史是怎样口述的？
——回忆胡适之先生与口述历史之十

七三

　　胡适之先生是个有"历史癖"的人，"历史"也是他的"训练"。可是"口述历史"对他却是个新鲜的玩意！谈到"口述历史"（Oral History），一般学者总以为是哥大教授芮文斯（Allan Nevins）先生一人提倡起来的，殊不知它是我国历史学里的老传统。

　　两千一百多年以前，当秦始皇统一六国的末期，东亚大陆上发生了一件轰动国际的大政治谋杀案——"荆轲刺秦王"。荆轲原是燕国派往秦国商讨解决边界纠纷的大使，谁知这位荆大使在呈递国书时，忽然在地图内抽出一把刀来，搞出一幕追杀秦王的闹剧。

　　这一件所谓"图穷匕见"的暗杀案，从开始到结束，不过短短数分钟。当时在场者除荆轲与秦王之外，只有一个医生夏无且在侧。夏医师手无寸铁，介入打斗之中，他只好用装药品的皮口袋向刺客打去，为秦王救命。他君臣二人最后总算把那位发疯的燕国大使制服了。

　　这样大的政治谋杀事件，不用说是当时东亚大陆的"头条新闻"了。外界人不明真相，新闻记者再加油加醋，以讹传讹，便传出一些荒诞不经的什么"天雨粟、马生角、乌头白……"的传奇故事来。

　　后来数十年过去了，当事人也都死了。历史学家司马迁要写这段历史，他当然不会相信这些荒谬的传说。为发掘历史的真相，他可能也像刘绍唐先生一样，举办了个历史人物座谈会，敦请了夏无且医生的老朋友公孙季功和一位董先生来主讲。他二人都听过夏医生亲口说过这件暗杀事件的始末，现在司马公再访问他二人以明真相。最后他才根据这个访问记录，写出那比较可靠的惊心动魄的《刺客列传》来！

这就是我国史籍中最早的"口述历史"。《史记》里根据"口述"而写出的"历史"还可以数出很多条。司马迁那时虽然还不会使用"录音机"，"口述历史"的笔记记录，倒被这位杰出的史家充分地利用了。

可是这个了不起的"口述"传统，后来我国的史学界却没有认真地承继；因而这个埋没了两千多年的"文艺"，到二次大战后，才被芮文斯先生"复兴"了出来。但是在五十年代出品的录音机，仍是个很笨重、复杂，一般人不太容易操纵的机械。白马社成立之初，我们就曾劝适之先生自己录音，交我们整理发表。胡先生之所以迟迟不做的道理，虽然可能是因为我们所编的小侨刊学术分量不够，使他迟疑；而他这位中国传统士大夫不善于操纵美国"机器"，也未始不是原因之一。胡先生对一些复杂的机器是望而却步的；他在美国住了二十多年，就始终不会开汽车！

据胡先生告诉我，他在一九一七年回国时，汽车还不太普遍；等到他十年后重访美洲时，几乎每家都有一辆。一些白发苍苍的老教授夫妇，居然也开着汽车在马路上，风驰电掣，使他坐在车中，心惊胆怕。

可是美国人也不一定个个都是像赛珍珠所说的"玩机器的动物"。相反的，有许多美国教授，笨手笨脚，望机器而兴叹的程度，也不在胡先生之下。记得当吴国桢先生应邀参加哥大"口述历史"之时，校方以吴氏当时是位是非人物，因而以海关"检疫"（Quarantine）的方式把他孤立起来，以期保持他口述记录的绝对机密。为着访问他，校方也扳请了一位守口如瓶的退休老教授来和他"密谈"。笔者当时虽被指派为该老教授的"技术助理"，但不许旁听。我把机器装好，就得"回避"。谁知这位老教授对机械毫无办法，没有我这位"修械士"在侧，他就无法录音。虽然我把那架机器使用表，向他详细解释，他仍然食而不化，真是"临表涕泣，不知所云"！

"这真使我丢尽'面子'（face）！"老教授摆出个中国通的味儿，尴尬地笑着向我说。

"但是我们仍然充满了'信念'（faith）！"灵巧的吴先生，信口答下去，真是恰到好处。

最后承他二老对我有faith，要求我坐在一旁，专司"录音"。对他二人"绝对保密"的对话，"充耳不闻"！

"唐君！"老教授有时在他们谈话的高潮时，半真半假地提醒我一下，"你不许听呀！"

"不听！不听！"我向他老人家保证。

但是我又不是聋子。他二人讲到有趣之处，我也就忍不住大笑起来。

"你又犯禁了！你又犯禁了！"老教授阴阳怪气地、无可奈何地望着我傻笑。

以上所说的只是"口述历史"访问录音的一部分。至于录音以后的"回放"（play back）、誊清、校对、节删、增补、考订等等，麻烦是搞不尽的。"口述历史"一本本地搞出来，也实在不太简单。所以胡先生试了一下，便说这是个professional job（专业性的工作），不是个amateur（非职业或"玩票的"）可以承担得了的。

为着写他自己的"口述"自传，胡先生总是向我叹息说，这工作有谁能承担起来，职业化一下就好做了！可是那时除胡公本人之外，我们都是有"全时"或"超时"工作的人，有谁人能来帮他老人家"职业化"一下呢？！

七四

天下事有时就有巧合。正当我们为口述历史职业化动脑筋之时，忽有一位前美国驻华记者罗拔·卜顿（Robert A. Burton》君自西雅图转来纽约。卜君于一九四九脱离新闻界之后，便自福特基金会申请一笔研究费，留在香港访问中国共产党创造者之一的张国焘先生。工作经年，积稿数百页。这一份外人所不知的第一手史料，惹起了学术界的极大兴趣。

卜君之"计划"（project）原是由西雅图华盛顿州立大学出面"赞助"（sponsor）的。稿成之日，卜君经该校介绍来哥大的"中国历史研究部"（Chinese History Project）从事校订工作，因为这个"研究部"原是哥大、华大两校联合设立的【1】。

笔者为着糊口，那时也在该部做个"半时研究员兼翻译"，因而与卜君朝夕见面。罗拔是位十分爽朗热诚的美国青年。我们个性相投，所以很快地便处得如兄若弟。半时工作不够糊口，笔者又在哥大"东亚研究所"（East Asian Institute）兼一个"半时助理研究员"，作为该所代所长C. Martin Wilbur（后取中文名曰"韦慕庭"）教授的研究助理。

"中国历史研究部"所"研究"的主题是"汉代社会史"；韦慕庭教授的研究范围则是"北伐"；而笔者本人有待完成的博士论文则是美国内战期间的外交史。所以我那时的"研究工作"，说来可笑：我上午搞汉书；下午参加"北伐"；夜晚钻美国档案。一日三餐前后所"研究"的是三个毫无关系的学术题目！

好友罗拔对我这"一鸡三味"的研究方式不以为然。他认为我既然学位已快读完，就应赶快脱离这三个不同的"势力范围"，来自己招兵买马，像他一样做个"割据一方"的"小军阀"。

卜君之言可谓深得我心。可是"小军阀"又岂是容易做的呢？罗拔给我的建议是仿效他的办法，先找一位中国名人作访问对象，然后再向福特基金申请一笔研究费，组织个小"计划"。如此，我就可以自做一寨之主，毋须再为人作嫁矣。卜君并说关于向福特基金申请补助，他可以帮很大的忙。第一，福特基金会的补助政策正在向此方发展；第二，他的挚友包大可（A. Doak Barnett）君，正主持此事，他很有把握；不过要怎样去找访问对象（subject）那就是我自己的事了。

我告诉罗拔说，中国"名人"那时在纽约当"难民"的真是"车载斗量"了，不过我所认识的只有胡适之先生和陈立夫先生二人。卜君闻言大为高兴说他二人之中有一位答应访问就成。他说话的语气大有"伏龙凤雏，得一可以安天下"之概，不过他认为陈立夫先生更具"诱惑力"。

立夫先生那时住在纽约郊外有六十里之遥。我为历史的好奇心所驱使，虽也曾随老友张渊扬先生之后，去拜看过他一次，而我个人与立夫先生初无渊源，我又未尝加入过国民党。只有一面之缘，他老人家是否记得我名字还是问题。冒昧函请，未免荒唐。所以我就向卜君说还是胡先生对我比较适当，因为适之先生与我早已谈过多少次了。

"'胡适'也绝对是个好题目！"罗拔说。所以我就向适之先生打电话了。

有关他的学生张国焘先生写自传的故事，胡先生这时还是第一次听到。至于哥大芮文斯教授"口述历史"进行的程序，他也不太清楚。当我把这些方面情形向他陈述时，胡公颇感兴奋，并夸奖我"有办法！"

胡先生和我谈了一整晚他自己的"传记"或"自传"写作应当采取

的方式。谈得起劲了，他并找出本地图，用张薄纸蒙在上面，为我画了一张他故乡的地图。那是一九五六年的冬季。

根据卜君为我们的策划：先由适之先生和笔者共同拟定一个研究计划，言明进展速度和费用项目；然后由我二人联名向福特基金会递申请书，申请资助。我们的口味很小，但其中亦包括一部胡先生的"研究费"，也可说是"生活费"吧。那时福特基金对中国研究，挥金如土，所以罗拔和我们都很乐观。

当胡先生和我把一切文件都预备齐全之后，却独缺"东风"。原来一切研究"计划"向基金会请款，一定要有个"赞助机构"。由这个机构来替你管账、打杂。而胡先生和我这个小"计划"应请什么"机构"来"赞助"呢？"中国历史研究部"？该部当时已接近尾声。加以主持人魏复古教授又因政治问题与哥大同事意见相左，校园之内一个"驱魏"的暗潮正在滋长。"中国历史研究部"之被迫迁，只是时间问题，它不可能"赞助"我们。

我们的另一个——也是唯一的一个选择，便是"东亚研究所"了。当我把这"计划"告诉遇我极厚的老教授晏文斯先生时，晏先生和晏师母也都认为和"东亚研究所"合作是顺理成章的事。适之先生也认为那是"较适当的选择"，所以我才去看韦慕庭教授，希望他"赞助"！

韦慕庭翻一翻胡先生和我所拟的计划，立刻就说："你来的时间正好！"原来他在组织一个更大规模的"计划"叫"中国口述历史计划"（或译为"学部"，Chinese Oral History Project）。他叫我不要另外组织了，把胡适和我所拟的小"计划"就并到他的大"计划"里去算了。

这种大鱼吃小鱼，大企业并吞小企业，大"计划"并吞小"计划"，本是资本主义社会发展之常规，是无法抗拒的，也不值得大惊小怪。我那时本不知道韦公已有此腹案，所以才去找胡先生自行组织的。

我如早知他有此计划，我们也不会另行组织了。

胡先生和我这一小"计划"之胎死腹中，对我来说，并无关紧要，但是胡先生多少有点失望。

"Wilbur是学什么的？"胡氏问我，"他做得了吗？"这是我第一次体验到胡先生对欧美"汉学家"不大信任的内心感觉。他并要我找一份韦氏的"学历"来看看，并问他论文写的是什么题目。我告诉他韦氏论文题目是"汉代奴隶制度"，他的论文导师是魏斯特曼教授（William Linn Westermann）[2]。

"他是Westermann的学生？"胡先生惊奇地问我。

"是的！"我说。

"那，他可以做！他可以做！"胡先生对魏斯特曼教授倾慕的神情是十分真实的。他对魏氏的学生也完全信任。这也可以看出胡氏治学的门户之见。

关于我们那个"计划"小事，胡先生以后也就未再提了。我当然也失去了一个做"小军阀"的机会。其后在哥大竟一直做了十来年的"雇佣兵"，夫复何言！

以上这段小故事，笔者在哥大的一批同事们，资历较浅的，当然不会知道；年资较深的，可能也忘怀了！可是胡适之先生虽早已谢世，而当事诸人健在者犹多，口述历史，均可复核也！

七五

哥大这个"中国口述历史学部"在福特基金拨助之下，果然渐次形成了。我也被指派为胡公的助手，正式工作。胡氏也尽释前嫌，开诚与哥大合作。他要我拟订一个"访问计划"，我也就遵命拟订了一个志大才疏的"工作大纲"。

我计划的第一步是把胡氏有关他自传的著作如《四十自述》《藏晖室札记》、历年日记以及其他零星散文排个队，并择要整编一番；第二步我再以"访问"（interview）方式来填补这些著作的"空白"，做出个详细的"胡适年（日）谱"【3】；第三步再根据这个系统中的高潮，择要而做其文章——一方面我可以帮助"胡适""口述"其"自传"；另一方面我自己也可以根据这个系统和资料，从旁补充而评论之。

哥大已退休的中国文学教授王际真先生（《红楼梦》和《阿Q正传》的译者），就反对人写"自传"。他说写"自传"的人，多半是自己"卖膏药"，"胡吹一通"。当然，"胡吹"的自传，实在太多了。有的甚至吹得太离谱了。

但是"自传"这个东西也是个"两刃刀"——它能帮我辈没啥可吹的人"胡吹"一泡；它也限制了大有可吹的人，使其不能充分地"自吹"。各政党的高层领袖们，新旧两派的尖端学人们……他们都大有可"吹"之道，但是写起自传来却不能自吹自擂。

所以"自传"和"传记"是两门不同的学问。"自传"是"史料"，人人可得而保存之；"传记"是"史学"，是有训练的历史学者的工作。写"自传"的人，其内容的真实性，和所保存史料的价值，则是根据作者自己对社会的贡献而定；他要凭自己的记忆力、组织才能、见识和私德来写作，信不信由你。

写"传记"的人则根据他的"职业训练"（professional training）和"职业道德"（professional ethics）而执笔。偏信无征，则是训练不足；曲笔厚颜，则是道德有亏。训练不足，是情有可原的；道德有亏，则其著作就是古人所说的"秽史"了。如果一位执笔人自信训练有素，而道德无亏，则为人作传，虽不中亦不远矣。所以笔者当时替胡先生所拟的"胡适口述历史计划大纲"是"自传""传记"两方兼顾的。我要把"胡适学"里面的资料，尽量发掘出来。发掘的方式是以老胡适作矿工，我作助手！

另一方面则是根据这些真实而完备的第一手史料，让公正无私的历史写作者——包括虽不能至，心向往之的笔者自己在内——在高度"职业道德"的标准之内，是则是之，非则非之。当吹者，从而鼓之；当批者，则揪出而批判之。这才是学术界应有的批判态度。中国史学批评界，如尚有前途的话，愚意便认为这是唯一的可通之途。

写历史的人们所怕的则是，所搞的全是"七真三假"，而嘴偏说是"全真不假"。我想许多读者一定也会同意的，试问吾人今日读历史——尤其是近代史——有几本不是"七真三假"呢？！说良心话，这也是笔者当时对海内外捧胡、骂胡、批胡等洛阳纸贵的大作，读后所起的反应。

胡先生看了我的计划书以后，也倒颇为欣赏，但是他说我的"计划""Too ambitious（野心太大）！"那时他出长"中央研究院"的呼声已甚高，胡氏亦显然有意返台，他或许自知旅美时日无多，所以他嘱咐我把规模缩小。

这时已拿了资本家一笔小款的哥大当局，当然也希望早出点"货"，庶几可以向他们展示点我们的"产品"，好让他们继续"投资"。主持人对中文稿当然也毫无兴趣，认为应该完全省去。

"计划"我是遵命减缩了，中文稿也决定删除。但是我仍然主张采取"填空白"的原则；因为对已知道的部分，何必再去浪费时间呢？

再者，胡先生一世，学术之外，所见所闻亦多。那都是最珍贵的社会史料和政治史料。我们又何必自宥于"学术范围"之内呢？

胡先生则认为既然哥大无意留中文稿，那么这一自传的作用只是向英语读者介绍"胡适"。如此，则不应采"填空白"方式。全文还是以有系统的综合叙述为佳。社会史料、政治史料，也就可有可无了。

　　我遵胡公之意三易其稿。胡氏再根据我拟的"大纲"逐条修正。他一条条地抄改下去，就誊出那件手书"自述大纲"来。

　　老实说，我个人对这个"大纲"的定稿，甚不满意；胡先生在匆忙中，拿起笔来且改且抄，也未加深思。我觉得这个自传的主要读者如果是洋人的话，那我们这种写法，对他们实在是隔靴搔痒了。洋学者中有几个人能了解什么《尔汝篇》《吾我篇》呢？真能了解的高手，他们也就可以啃中文原著了，何劳阐译？

　　如果这个稿子以中国知识分子为对象，那就更无啥新鲜！老胡适翻来覆去，把这些问题已谈了几十年了；如今年老作自传还把这些陈锅巴烂豆腐再搬出来炫耀一番，也太没意思了。但是那时哥大急于出货，胡先生又有着摒挡返台的念头；加以"《自由中国》"杂志的问题也日趋严重，胡氏终日栖栖皇皇，自传这件事对他说来也是次要的次要了。我为四易其稿，再去找他老人家搞这个不急之需，那我也未免有点"不识时务"，所以我也就抱着"出点货再说"的心理，没有再去麻烦他。谁又想到，这本中国知识分子的马虎作风之下所产生的"未定稿"，后来竟变成《胡适口述自传》的孤本！

七六

　　根据上述这个"大纲"，我们的工作就在一九五七年的冬初开始了。首先由我携了部笨重的录音机——那时还没有袖珍录音机和卡式录音带（cassette）——到胡府"访问"。最先胡先生约我下午去工作，晚了就在他家中吃晚饭。胡先生也预备在我们工作之前做点"home work"（准备点"功课"）。可是我第一次挟机访问时，他已抱歉地说他的"功课"被人打扰了，没有好好地做。

原来他出长"中央研究院"，久经酝酿，这时已正式发表。消息一出，我们的"口述历史"做起来就有困难了。"职业化"的"口述历史"是胡适之先生多少年的心愿。如今理想成为现实，他反而没有工夫做了。

"官场"这个东西在我们"东方"的社会里发生的作用太大了。胡先生在纽约的那个破公寓，以前虽然也访客盈门，但是一看去，便觉得它有"观光"气味。胡博士送往迎来，也很像游览区内，专门陪人照相的印第安酋长（Indian Chief），施施然也。

可是"院长"新职一发表，气氛就不同了。酋长大人倒没有什么改变，只是出入的客人却由轻松的游客，变为严肃的官僚了。这个观光区，也逐渐变成衙门重地。胡公馆门前所缺少的，也只是两个荷枪实弹的卫兵。

一个山野散人和一个一品大员之间的距离实在太大了。岂怪掌权者一登高位便不肯下来？苏丞相曰："人生世上，位势富厚，盍可以忽乎哉？！"

"官"这个东西在我们中华文化这个传统里所作的恶，实在太多了！

正当胡先生为着做官而忙的时候，笔者也正忙着找房子结婚。各忙其忙，工作就拖下去了。婚后我去看他，胡先生主张我们继续工作。只是他已没有太多时间"准备功课"了，就请我"多多偏劳"吧。所以当我们恢复工作时他只是零零星星地谈，我也就零零星星地问。

那天归来之后，我乃根据这个访问录音的片片段段，漏夜整理一番。并用打字机打出个"样品"稿，拿给他看。胡氏读后似乎很欣赏，因而也就决定了我们以后工作的程序。我们的程序是：我先把各章的情节研究一遍，拟出个有系统的小"节目单"，并把这些节目有关的资料和情节稍加汇编。"访问"之时，我就根据这个单子和资料，向胡氏发问，或请胡公自动叙述。我们的工作中如发现问题如正确的人名、地名、时间、地点、引文、中文资料的正确英译、词句的编排、校订……则由我加以解决，并拟成一草稿以代替胡氏本拟自己动手的"功课"。然后他再根据我这草稿，作为第二度有系统录音的蓝本。如此则"功课"由我做，"口述"人的工作就清闲了；他只要根据这个草稿，作一番有系统的"口述"就行了。这样也就不太耽误他"院长"上任的准备工作。我们试了两次，胡氏认为满意，也就把工作规律化了。我这个助手虽然忙了点，然颇有"士气"，也就不觉其忙。

我替胡先生所预备的草稿当然不免有错。例如胡氏谈到他们的"徽州朝奉"出外经商，照例是不带家眷的。他们每三年回家探亲一次，小住三月便去。如是者一世夫妻，实际同居不过三年而已。所以徽州人有"一世夫妻三年半"之语。我依照胡氏口述的录音，最初算来算去只有三十六个月，所以我错译为"三年伴"。胡先生看了我的译文，他觉得不对，掐指一算是"四十二个月"，应是"三年半"而非"三年伴"也。我当然遵命改正。可是我这位糊涂助手，对他们"徽州朝奉"夫妇之间这一笔糊涂账，到现在我还未十分搞清楚。

文字的风格也是个小问题。"胡适之体"的文章是老老实实、规规矩矩、平铺直叙的白话文。译成英文也是一篇平平稳稳、水波不兴的叙事文。笔者为文涵养不够，写中文一落笔便文白夹杂；起承转合也欠平稳；文气亦难免随故事的高潮低潮而有起伏。有时偶尔我拟个短篇中文草稿，胡先生总是说："不要用文言！不要用文言！"

"胡先生，"我说，"文言、白话，新诗、旧诗翻成英文都是一样的啊！"

"这倒是真的！这倒是真的！"胡先生若有所悟地说，"新诗、旧诗翻成英文都是一样的！"

他老人家以前似乎未想到这个有趣的小问题！

我那个"文白夹杂"的坏习气，在翻译上说，也算不得有什么了不起的"坏"；好歹我们的清稿是用英文写的，所以胡先生对我草稿上的中文和文言也就未加深究了。但是他总是劝我写中文应该全用白话；文白夹杂，在他看来是很坏的习惯。我亦有心变革，但是积习难除。天下事往往是最容易做的事，最难做得到！如今年届二毛，而文无寸进。我如果拜胡先生作老师的话，积习未敢，实有辱师承！

胡先生根据我所整理的草稿二度口述之后，我于独自"回放"之时，再用英语"校订"（edit）一遍，便交予打字员，打出个"初稿"。我再把这初稿手校一遍，便交予胡先生核定而认可之。如此一章章地做下去，也倒没有太大的困难。

七七

我们的工作虽然进行得颇为顺利，可是效率仍嫌太低。我知道胡先生返台在即，余日无多，便抓住他，希望他尽可能多做。但是胡家的电话实在太忙了，铃声响个不停。重要的电话，我还要"回避"。有时一个电话打乱了胡公的思考，我们的工作也就中断了。最坏的还是那些"烂屁股"的访客，他们总是坐着不去。有时厨房内胡老太的荒山大侠已死伤了好几位，他们还是赖着不走。我在胡家等久了，主人不好意思，又要留我晚餐。这对我也是个难题。和他二老不客气，则胡府便无隔宿之粮；客气，则我回家得重新吃过。我夫妇皆是有全时工作的。食不以时，对我们也是个小麻烦。最后我得到哥大当局的同意，请胡先生来哥大工作。每周上午来两三次，工作完毕由校方招待午餐。

这果然是个好办法，再无人打扰了。胡先生每次"口述"完毕，我就陪他到教职员俱乐部午餐；餐毕，我便开车送他回家。哥大的工作环境是好的，但是午餐则十分不理想。这个俱乐部的饭菜之粗劣，是有名的。加以胡先生熟人又多，一餐之间，起立数次，哈罗之声不绝，也不太舒服。后来还是胡先生提议说，与其花同样的钱，我们为什么不到校外去吃哩？我二人乃移向附近中国饭馆。孰知中餐馆中，熟人更多。不熟者，也会在邻桌窃窃私议，品头论足，弄得"胡院长"吃饭，无法"放松"（relax）。最后他又建议我们到纽约东城去吃洋馆子。

在胡先生领我去之前，我真不知道纽约东城有那么多欧洲式的小饭馆。他们的情调酒食各有不同。胡先生对这些小饭馆的特色，说起来如数家珍；而其中掌柜、招待等大多也认识他。这大概也是因为胡氏大使卸任之后，经济还不太窘之时，外交圈内熟人仍多，大家酬酢都在这一带的缘故。

胡先生主张我们每餐换一个馆子。他倒不是要换换口味，而是因为他既是"熟客"，可是每次来吃，却是一位年轻人替他付账，会惹起掌柜的好奇心。他老先生是位十分大众化的人，不希望任何事"异于常人"！

每次餐馆的选择当然都由胡先生决定，有时餐馆附近无法停车，我们便把车子停在数十条街之外，再搭公共汽车前往。每周两三次，极少重复。如是者数月，胡先生和我真把纽市东城欧洲式的小馆子都吃尽了。

有时我们到较高级的馆子去吃一餐，价钱较昂，胡先生恐怕我会引起校方批评，他就坚持付账，算是他老人家"请请"我。来而不往非礼也！有时我也以同样方式"请请"他，算是我二人私人的酬酢，都不报公账。

还有，这种小馆子内的食客，是每餐必吃酒的。胡公不愿异于常人，加以他老人家亦有杜康之好，午餐非酒不乐。可是哥大自有哥大的规章。校方认为我和胡氏的午餐是"生意午餐"（business luncheon），果腹而已，胡为备酒？好在这些小饭馆之内，酒钱、饭钱是分单付账的。所以"酒账"我就扣下不报了。并且为着怕有碍胡老师的酒兴，我仍然告诉他一切都是哥大做东的。胡先生是最能体谅别人困难的人，我不如此，我们的"生意午餐"就吃不成了。岂不扫兴？

笔者今日回思，仍自觉可笑。我们这两位一长一幼，来自中国农村的"士大夫"，头巾气实在太重了。适之先生哪里有丝毫美国味？他这土佬儿，对所谓"西方文明"还没有深入了解呢。须知"西方文明"——尤其是美国文明——它开宗明义第一章便是"打算盘"！我们重农轻商成性的中国传统士大夫，最不会打算盘；不会打算盘的胡适之还谈什么"西方文明"？他真应闭起嘴来。

适之先生逝世之后，笔者奉调承乏哥大中文图书部有年。纽约是世界游客必经之地；途过纽约的汉学界，乃至与汉学有关的"知名之士"又必访哥大。他们早晨自旅邸动身，十时左右驾临大学，拜访校中首要。寒暄握手，互倾积愫约数十分钟之后，主人总要问来客，看过敝校丰富的"中国收藏"没有？曾晤我们的管理员唐博士否？客人总说是久闻宝藏，极思观摩，一广见闻。这样主人便招呼助手，率领贵宾，浩浩荡荡地杀向"唐博士"办公房而去；他们来得不迟不早，正是上午十一点半钟！

这些访客类多知名国际，有的也著作等身，多少年来都是哥大汉籍收藏的大施主、大护法。如今亲自辱访，并携有恭请"哥伦比亚大学惠存"的礼物。笔者代表大学拜领之余，对赠予者当然也有识荆恨晚之感。盘桓逾时，正是午餐时分。此时此际，留客人便饭，也是人情之常。客人亦以主人既身为名大学里的"主任"，必有"公费"，故亦"领情"无疑。因而杯盘交错，宾主尽欢！

老实说这种学术性的酬酢，原是笔者服务哥大期间最大的乐趣。哪个穷秀才有这种好机会能接待天下英雄呢？当然这种经常性的"招待"对一个有四口之家的低薪小职员来说，负担也未免太重了点。所以有时在学校的预算会议上，我也偶尔提出"招待费"的问题。可是七年之中，我就未拿到一分钱的招待费，虽然各方赠书仍然源源不断而来。这不是哥大闹穷。相反的，那正是它最富有的时代。问题却是我的洋上司、洋同事对所谓"东方恶习"所起的疑问。他们认为招待访客午餐，有此必要吗？"中国通"们更认为他们"了解"中国知识分子，知道中国知识分子"好面子"，也欢喜"请客"。在他们看来，这种可鄙的"东方恶习"，实在大可革除！

当然"中国知识分子"是"要面子"，也欢喜"请客"；因为任何"中国人"，在笔者那个"午餐时间"对万里外飞来的"访客"，都会"要面子"而留其"便饭"的。可是美国知识分子，在相同的情况之下，就"不要面子"，不留客"便饭"了吗？非也！只是他们比我们更会"打算盘"罢了。算盘一打，此客当请，则从而请之。不当请则送给"唐博士"去代为招待了。我这位小职员"唐博士"又没有另一个倒霉的"唐博士"可送，因而我就变成"东方恶习难除"的"中国知识分子"了。

笔者叙此小事，并无意揶揄我的美国同事。我只是以这种小事来指明中西习俗之不同。我们"中国知识分子""请客"的动机，多半是敬老尊贤。对长辈、对贤者，我们绝不愿慢客。美国这个商业社会，"请客"的目的是"打算盘""谈生意"。谈生意是量入为出的！笔者早年读史迪威将军的资料，发现这位四星上将对待华人，动不动就是"quid pro quo"（有予必有取），而为之恶心。在史将军的母邦住久了，也就见怪不怪了。这是中西两方的"文化冲突"，两个道德标准之内，不同的"义利之辨"……双方各有是非，大家不同之点，还多着呢！笔者上述"请客"的小事只是个容易理解的小例子罢了。在下何敢学胡适之先生做"考证"的"方法""小题大做"来浪费读者时间呢！

可是在这种"文化冲突"之中，我辈半中不西的"海外华人"，究竟何择何从呢？胡适之先生又何择何从呢？子曰："郁郁乎，文哉！吾从周。"胡适虽大，我辈虽微，我默察胡氏在中西行为规律上的选择，倒是和我辈小民，臭味相投；大家的选择是不约而同的。后来我也发现绝大多数中国旅美老辈知识分子的社会行为，也是大同小异的。你能说胡博士要打倒孔家店？相反的我们这长幼两辈"留美学人"孔家店的包袱都太重了。久适异域，昔人所悲！然非"久适异域"者，哪里知道真正的"华洋之别"啊？！

七八

胡适之先生带我去吃午餐的那些欧洲式小馆子，"晚餐"（dinner）俱甚昂贵，而"午餐"（lunch）则甚为平民化。一杯（或一瓶）老酒之外，也所费无几。胡先生对欧式菜肴，甚为知味；对陈年老酒，品赏尤精，足开茅塞。

这些欧洲式的小饭馆，陈设淡雅，杯盘净洁，情调怡人。记得抗战胜利之初，笔者曾读过一篇《大公报》记者萧乾所写的，题为"黄昏小酒店"的小品。他描写当年在伦敦北郊吃小馆子的情调，说什么"……骨头堆盘中，白巾加膝上；刀叉有序，咀嚼无声……"等悠然气氛，殊令我这位颇有崇洋病的土包子神往不置。

的确，论狼吞虎咽，猜拳行令……然后"起身长揖称多谢，斜倚栏杆挖板牙"，为吃喝而吃喝，那实非我们的"唐餐"莫属。但是如果好友二三人，工余之暇，一起消遣，一杯在手，笑语悠然，为"放松"而进餐，那这种情调，就只有去欧洲式的小酒店中去找了。那里盘洁樽清，菜肴适口，客人闲散，侍者彬彬。宾主低声小语，找两句无关紧要的话儿，娓娓攀来。语有新知，胸无宿虑，真是身心清爽，其乐陶陶。

适之先生是位最欢喜"摆龙门阵"的老人。有酒有客，他的故事便有始无终。酒仅微醺，饭才半饱，幽窗对坐，听胡老师娓娓讲古，也真是人生难得的际遇。笔者少无大志，长好闲书。中西闲书读多了，对胡氏所谈的天文地理、三教九流……也颇能领悟；至少也可使他老人家无对牛弹琴之感。他谈起来也就更有兴致了。

餐毕，如果阳光和煦，我们就慢步走回他的公寓。这时五马路上，公园道中，正人潮如海。有时胡公与我也找个石凳子坐下，对嬉笑而过的金发少女，或摇铃念经的青年和尚，品头论足一番。胡老师兴致好，我们也就踱入街边的中央公园，去旁观一下孩子们的球艺，或欣赏片刻流浪艺人的琴声。这时胡氏对他公寓内的那些烂屁股访客，和"生意电话"，也没有太大的兴趣了。

这样的午餐和偶尔的晚餐，我事后约略统计，前前后后大致有六十余顿。据胡先生告诉我，自康奈尔以后，他还没有这样长而悠闲的午餐之约呢。笔者本人除掉后来在李宗仁先生家吃过一百多顿午晚餐之外，跟胡老师的餐会也是生平无前例的。胡、李二公都是最和善、开朗、健谈而又有说不尽故事的老前辈。遇我之厚，待我之诚，都使我毕生难忘。所以我对这两位老前辈的生平，也可说是所知不少，很多也都是饭桌上听来的。

可惜的是，我和胡先生餐叙之时，因为怕搞坏悠闲的气氛，所以也只是听之谈之，未敢取出小本子加以记录；而笔者又不是个有恒心的日记作家，虽然不是东耳进、西耳出，但是资料未能及时整理，日子久了，也就遗忘了。

胡老师逝世之后，港台两地亲友剪寄有关"胡适"的"纪念文章"，多至数十万言。读后我简直不敢效颦执笔。那时我们自己所编的《海外论坛》月刊虽然也出了个"纪念胡适之先生专号"，笔者也随同仁之后写了一篇纪念适之先生的文字〔4〕，但是当时的读者读过拙作，一定以为我与"适之先生"，从未谋面呢。

七九

事实上笔者本人在治"口述历史"的学习过程中，在胡先生认可的正式录音记录里，实在所学有限。使我获益最多，和了解"胡适"最深入的部分，还是胡公认为是"off the record"（记录以外）的那一部分。胡先生不赞成我的"填空白"的主张，但是在我们闲聊之时，他老人家无意中，竟把一个个"空白"都填了起来。

例如在他的一九三五年出版的《南游杂忆》里，胡氏对当时的"南天王"陈济棠的批评，只是若隐若现的。可是当我们聊天时，我问他对当时西南的政局的看法，话匣一开，胡氏便批评得十分露骨了。

据我那时所得的印象，当然陈济棠这位军人的思想和作风太落伍了，他容纳不了"胡适"，所以适之先生在广州大受冷落。后来李宗仁先生告我"胡适在广州吃瘪"还有另一个原因——他在香港闯下了"言祸"！说什么"香港是华南的文化重心"！弄得"粤人大哗"！

香港,这个"若要泊车,乃可在此"的英国殖民地,如果是"华南的文化重心",那么胡博士心目中还有"老夫臣佗"遗念所在的广州了吗?！小子鸣鼓而攻之！这样才使胡博士一怒而去的。

胡先生也告诉我数不尽的,有关他人的,类似的故事。酒意三分,谈兴方浓,胡氏也坦率地说出他自己生活上的细枝末节,以及思想上的今昔之异。笔者有时也故意把话题引向我所要探索的部门,让胡老师尽量发挥。这些都是正式"记录"上所没有的,但却是我要填补的"胡适学"里的"空白"。事实上笔者今番无心地写了十余万言有关适之先生的杂文,差不多也都取材于我个人"记录以外"之记录与记忆。遗忘虽多,一鳞半爪,犹可于思索中得之。

笔者当年原打算把这些"记录"内外的故事,熔于一炉,从而对"胡适的生活与思想"作更深入的探讨,使胡适的"自传"与"传记",合二而为一〔5〕。不幸胡氏"口述"未及"大纲"之半,便无形停顿,而由笔者仓促中赶编由胡公认可之清稿——凡廿九题共三百七十四页——与原有"大纲"上之章节,亦不尽相符;笔者手头所存残笺,与哥大所公布者,复有出入!

胡公逝世后,笔者曾迭向大学建议,将原稿慎重签注,加工出版,以飨后学。然终以身为"雇佣作家",寄食篱下,人微言轻,一池春水,干卿底事,而未能如愿!〔6〕

窃思我国文物,近百年来,流落海外者,胡子遗篇,不过万一而已。九牛一毛之存亡,本无损于先生之德业。笔者浪迹异域,簪笔佣书,一饱已甚自足,敝帚家珍,徒觉可笑。如今哥大既以缩微胶片方式公布原稿,后学附骥,更无喋喋之必要。以故此次若非刘绍唐先生殷勤辱书,笔者以宠召难却而再作冯妇,则适之先生之遗稿,亦早已置诸脑后了。

最近拙文之"连载"，亦出意外，与上述废置之计划，初无丝毫关联。盖绍唐兄于去夏辱书设题，嘱为将来胡公口述历史译文，先作一"短序"或"导言"。无奈斯时笔者手头原稿不全，哥大所公布之"缩微胶片"（microfiche）亦乏"印本"（hard copy），订购阅览机器往返费时。笔者乃试将"短"序加"长"，期以"空间换取时间"，庶免《传记文学》之"脱期"，而有负于刘社长与读者之期望。孰知机器未来，而刘公又迭函坚嘱再将"序文"延伸；盖"序文"已嫌过长，而"连载"又嫌太短也。笔者遵嘱续写之际，而缅怀先哲，旧思潮涌，一发不能自已，竟"连载"至十篇之多，实非初意也。

适之先生的一生，原即是一部近代中国文化史。为文论胡，十万言虽未为短，百万言又何能尽意？！然事出偶然，原非治史。笔者不学，只是试掘心头旧事，意到笔随，既无篇章，更未剪裁。似此信手拈来之杂文，古人名之曰"随笔"，鲁迅称之曰"杂感"。对笔者来说，那只是有关胡适之先生的一堆闲话而已。

古语有云："恩怨尽时方论定！"如今胡公墓木虽拱，而恩怨未尽。闲话胡适于恩怨未尽之时，则读者之知我罪我，固未敢深思之也。尚恳老中青三界贤达，不吝教之！（全文完）

一九七八、五、八午夜于北美洲

注释

[1] "中国历史研究部"原为研究中国古代社会史而设。主持人为魏复古教授。该部曾出版《辽代社会史》（Karl A. Wittfogel & Feng Chia-sheng, *History of Chinese Society:Liao*, *907—1125*.Philadelphia: American Philosophical Society: distributed by Macmillan co., N.Y., 1949.）等巨著。我国知名社会史家冯家昇、王毓铨、瞿同祖诸先生俱曾任该部研究员有年。

[2] 魏斯特曼教授（Professor Willam Linn Westermann, 1873—1954）为西洋古代奴隶社会史的权威，著作甚丰，名震欧美。魏氏于一九四八年底自哥大退休前，笔者亦尝选其课。

[3] 笔者老同学窦宗一（仪）先生，曾撰《李鸿章年谱》，用功极勤。适之先生见其初稿说："这哪是'年谱'，简直是'日谱'！"窦君乃改其书名曰《李鸿章年（日）谱》（一九六八年，香港友联书报发行公司出版）。笔者其时亦有意效颦，撰"胡适年（日）谱"；以其为"经"，以其他论胡之文为"纬"。胡公逝世后，笔者访台，曾拟有更为志大才疏之计划，均以毅力不足，一无所成，殊为自恨。

[4] 唐德刚撰《浅释科学民主，追悼适之先生》，载《海外论坛》月刊，第三卷、第五期，一九六二年，五月一日。页一五—一八。

[5] 胡适之先生返台后，笔者曾以"合二为一"方式，为哥大"中国口述历史学部"，试撰另一"回忆录"，然以限于资料，成绩不若想象中之完善也。

[6] 适之先生遗稿久存哥大，听任访问学者抄录，变相引证发表，颇多失真。笔者曾向大学建议由笔者义务加工，整理付梓，而校方总以经费不足为由，未允所请，实为可惜。